养老服务机构市场化的政府补贴机制问题研究

廖楚晖　著

中国财经出版传媒集团
中国财政经济出版社

图书在版编目（CIP）数据

养老服务机构市场化的政府补贴机制问题研究/廖楚晖著 . —北京：中国财政经济出版社，2019. 1

ISBN 978 - 7 - 5095 - 8802 - 4

Ⅰ. ①养…　Ⅱ. ①廖…　Ⅲ. ①养老 - 社会服务 - 组织 - 机构 - 政府补贴 - 研究 - 中国　Ⅳ. ①D669. 6

中国版本图书馆 CIP 数据核字（2019）第 016812 号

责任编辑：郭爱春　　　　　　　　责任校对：张　凡

封面设计：陈宇琰

中国财政经济出版社 出版

URL：http：//www. cfeph. cn

E - mail：cfeph @ cfeph. cn

社址：北京市海淀区阜成路甲 28 号　邮政编码：100142

营销中心电话：010 - 88191537

北京财经印刷厂印刷　各地新华书店经销

787 × 1092 毫米　16 开　12 印张　217 600 字

2019 年 2 月第 1 版　2019 年 2 月北京第 1 次印刷

定价：61. 00 元

ISBN 978 - 7 - 5095 - 8802 - 4

（图书出现印装问题，本社负责调换）

本社质量投诉电话：010 - 88190744

打击盗版举报热线：010 - 88191661　QQ：2242791300

摘　要

当前，我国已经进入人口老龄化快速发展阶段。与此同时，随着中国经济社会的快速发展，广大公民跨地域就业的增多使得许多老人无法得到子女和亲人的照顾，传统家庭式养老模式已经不能满足养老需求。2016 年，在我国政府发布的《“十三五”规划纲要》中指出，需建立以居家为基础、社区为依托、机构为补充的社会多层次养老服务体系，支持面向失能老人的老年养护院、社区的日间照料中心等设施建设，以推动医疗卫生和养老服务相结合，同时全面放开养老服务市场，积极推动社会医疗、养老等领域非基本公共服务加快发展，丰富服务产品，提高服务质量，提供个性化服务方案。要实现这些目标，其有效路径之一便是进行养老服务市场化改革。

基于以上社会发展背景和现实需要，本书的写作目的主要包括：一是重点考虑养老机构的成本定价，设计推进城乡养老机构市场化的政府补贴机制，以解决城乡养老服务供求失衡、养老机构盈利困难等问题；二是依据现有社会保障制度和政府财力，探索具有创新性和可复制性的政府补贴方案，吸引更多的社会力量参与到城乡养老机构的建设和发展中来；三是在明确政府、养老机构及老年人的责、权、利关系基础上，建立了评估调整机制，以提高政府补贴资金使用效率。

本书的主要内容包括：一是城乡养老机构市场化的界定及运营方式的研究；二是财政补贴对居民的机构养老意愿的影响，包括财政补贴对老年人机构养老满意度的影响、财政补贴对老年人购买力的影响、财政补贴提升居民对养老机构的信任感以及财政补贴与机构养老意愿的互动性；三是研究了城乡养老机构财政补贴的约束条件、价格形成与财政补贴模型，包括养老机构政府补贴的约束条件、研究养老机构市场化运营的成本价格形成以及不同市场化路径下的养老机构政府补贴模型；四是构建了城乡养老机构市场化的财政补贴机制与调整机制，包括对政府补贴资金的来源、补贴的环节和方法、补贴的标准以及评估结果与反馈。

本书的结论显示，推进养老机构的市场化运营，是通过竞争和互助机制提供优质养老服务，满足老人多样化需求，促进养老服务业的发展，有赖于对养老机构建设和服务设施的投资。而资金保障、盈利能力和市场监管是当前制约我国养老机构市场化发展所面临的主要难题。因此，养老机构市场化运营的投资主体应当是多元化的，政府的职能则主要是运用政策杠杆，以协调社会多元化资本，优化投资结构。

由于养老机构提供的养老服务具有公共产品的属性，同时又具有追求收益最大化的经济目标。养老机构的市场化运营必须引入大量资金，促进多方投资主体的协同共进。政府补贴对养老机构的市场化运营具有重要的保障和促进作用。政府的财政能力是制定补贴方法和标准的重要依据，不同的补贴方法和标准将产生不同的政策效应。

综上所述，本书认为：第一，由于目前养老机构的财政职责主要在地方，在建立和完善养老机构政府补贴机制的同时，要结合地区经济发展水平和财政负担能力，同时充分考虑城乡经济社会的差别、养老机构的形式多元化以及养老服务需求的各种复杂特征，本着“量力而行，尽力而为”的基本原则，积极支持养老机构走向市场化的发展。同时，要积极发展本地区养老服务体系，争取在中央施行的评估中取得优异表现，为本地区的养老服务体系的发展争取到更多补助资金。第二，财政补贴养老服务项目类别和标准是建立健全养老机构财政补贴机制的前提，因而在建立不同的财政补贴模式之初，结合不同养老机构建设和运营成本，明确政府、养老机构及老年受益群体之间的责权利关系，将有利于保障养老机构财政补贴机制的正常运行。第三，要建立养老机构财政评估指标体系，充分考虑不同模式下的政府补贴原则，重点针对养老消费群体的服务满意度，从行业整体上对财政补贴的综合绩效进行评估及反馈，进行具体化的、有针对性地调整，以推进养老机构市场化财政补贴机制的健全。

本书在社会主义核心价值观的指导下，运用公共经济学、福利经济学以及管理科学等理论和方法，阐述了当前我国政府推进养老机构市场化的公共政策方向和倡导的主要模式，初步构建了养老机构政府补贴的机理、约束条件与政府补贴模型以及补贴机制进行了分析。本书的研究及其结论有利于落实党的十九大精神要求和2013年《国务院关于加快发展养老服务业的若干意见》的精神要求，丰富和发展了财政经济学的研究，为完善市场配置机制及满足城乡养老服务多样化、多层次需求提供理论支撑。

目　　录

1. 研究背景和研究现状

1.1 研究背景

党的十八大和十八届三中、四中、五中全会以及“十三五”规划纲要都对应对人口老龄化、加快建设社会养老服务体系、发展养老服务产业等提出了明确要求。特别是习近平总书记在2015年10月和2016年5月对我国人口老龄化的形势与对策的重要论述，蕴含着丰富的新理念、新思想与新战略。2017年党的十九大报告中也明确指出，“我国社会主要矛盾已经转化为人民日益增长的美好生活需要和不平衡不充分的发展之间的矛盾”“构建养老、孝老、敬老政策体系和社会环境，推进医养结合，加快老龄事业和产业发展”。党中央和总书记的重要论述和思想，立足于时代高度审视人口老龄化问题，系统阐述了党和政府对老龄工作的战略谋划，是我们当前和今后一个时期开展积极应对人口老龄化理论研究的总指导，为新时代进一步深化养老服务体系研究提供了科学指引和研究导向。

随着人口老龄化，截至2017年年底，我国60岁及以上老年人口为24090万人，占总人口的17.3%，其中，65岁及以上人口为15831万人，占总人口的11.4%，新增老年人口首次超过1000万，家庭、个人的养老需求随之日渐剧增①。在未来一段时间里，这一数字还将继续增长，有研究机构曾做出预测，到2025年我国的老龄人口将超过3亿人，到2033年将超过4亿人，而到2053年我国老龄人口将达到4.87亿人的最高峰。但与此同时，随着时代的发展，人们就业观、就业方式的改变，城镇化发展的趋势，农村劳动力向城市转移，劳动力在城市之间的流动速度加快，工作压力的增大等因素使得许多子女没有更多精力和时间照顾家里的老年人，传统的家庭养老模式已经不适应时代的发展，不能满足众多老年人的需求。在此契机下，社会化养老方式登上舞台，其市场需求量在未来也将会越来越大。《“十三五”规划纲要（2016～2020年）》指出，我国要建立以居家养老为基础、社区养老为依托、机构养老为补充的多层次养老服务体系，进一步推动医疗卫生和养老服务相结合，全面放开养老服务市场，积极推动养老、医疗等领域等基本公共服务加快发展，丰

① 数据来源：根据国家统计局官方数据统计数据整理而得。

富该领域产品服务，提高服务质量，提供更多满足老年人需求的个性化服务方案。要实现这些目标，其有效路径之一便是进行养老服务的供给侧结构性改革，这也让未来养老服务机构市场化成为一种可预见的趋势。

1.2 研究的主要目标

1.2.1 阐述养老机构政府补贴机理和约束条件

基于公共经济学理论原理、财政预算约束条件以及当今我国养老机构市场化需要政府支持的原因，是建立和完善当前我国养老服务业和基本公共服务均等化的一个重要途径。因此，结合相关研究，阐述当前我国养老服务领域的发展状况，辅之以相关政策依据，是本书研究的一个主要目标之一。

1.2.2 建立养老机构政府补贴模型和补贴模式

政府补贴模型和补贴模式的研究是建立养老机构政府补贴机制的关键内容。通过政府补贴模型的建立，能够为不同类型养老机构（公建民营、民办公助等类型）提供不同的可供借鉴的财政资金补助模式。而通过补贴模型的算例分析，更能使得本书构建的政府补贴模型得到进一步解释和优化，这也是当今公共经济和管理中完善新型财政复杂管理模式、研究合理配置政府资源的一个值得关注的领域。

1.2.3 构建养老机构市场化的政府补贴机制

本书将就实证研究结果中挖掘的问题，明确养老机构投资各方主体和老年消费者权益，对构建养老机构市场化的市场补贴机制进行研究，包括构建补贴机制、调节机制和奖惩机制的构架。

1.3 研究意义

1.3.1 有利于完善市场机制和基本公共服务均等化理论支撑

在考虑成本与定价的基础上，本书将研究推进养老机构市场化的政府补贴模式，解决当前在我国存在的养老机构营利困难和供求失衡等问题，有利于落实党的十九大和国家大力加快发展养老服务业的精神要求，为促进市场资源配置进程、满足我国基本公共服务均等化过程中需求多样化、多层次化提供理论支撑。

1.3.2 有利于创新财政管理方式，丰富了公共经济研究内容

本书将找出养老机构政府经济干预这一领域的研究不足、发展中存在的问题等，探讨新形势下我国为实现养老服务全面市场化过程中确定的目标和实现过程，力图使本书研究及结论为创新财政管理方式、完善公共经济和财政管理的理论和方法提供有益补充，进一步丰富公共经济学研究内容。

1.3.3 为市场各方主体参与到养老服务事业中来提供具体方案

本书将建立政府补贴机制，服务于养老机构市场化。这一机制包含了政府补贴机制本身，也包括了在明确政府、市场主体及老年消费群体的责、权、利关系而构建相应的调整机制和激励机制架构，为探索具有创新意义的可复制性方案、提高政府和市场各方资金使用效率提供了具体方案。

1.4 研究思路、方法和创新

1.4.1 本书研究思路和方法

（1）提出研究问题，采用文献分析和对比等方法，阐述养老机构市场化过程，我国政府对养老机构进行补贴的机制及国内外相关的研究，找出新的研究领域。

（2）运用公共经济学理论及成本收益理论和方法，阐述具有正外部性公共产品政府补贴的基本理论及养老机构政府补贴机理。

（3）运用调查分析方法，以社会保障理论等为基石，对养老机构的政府补贴方法和标准的不同方案进行效用评价并加以选择，力求找到养老机构供需双方若干复杂的影响因素以及政府对养老机构进行补贴的着力点。

（4）运用成本收益理论和方法、决策分析方法，结合相关算例，对养老机构的地区差异及成本价格形成机制进行研究，同时考虑政府补贴养老机构所产生的经济的和社会的配置效应等，建立评估体系，研究养老机构政府补贴机制并加以优化和完善。

1.4.2 本书主要创新

1.4.2.1 以营利性为起点对养老机构市场化政府补贴机制进行了全新的诠释

本书从目前养老机构营利性角度出发，对养老机构的有效服务提供进行了理论解析，并以此为出发点对养老机构补贴模型和模式角度来体现养老机构市场化政府补贴的运行机理，从理论和实践价值的角度有效地支撑了养老机构政府补贴机制构建的研究。

1.4.2.2 分析了养老机构市场化的实践效应结论

通过养老机构财政补贴模型仿真模拟，从养老机构供需两个方面说明了养老机构市场化的实践效应，为养老机构市场化政府补贴机制及其调整和优化提供更可靠的前提条件。

1.4.2.3 将养老机构的政府补贴机制与其市场化运行机制进行了有效对接

本书通过养老机构财政补贴模型的仿真模拟，将养老机构的政府补贴机制与其市场化运行机制进行了整合，使理论能与实践进行对接从而更能体现理论的实践和应用价值，为构建一个包括调节机制和监督机制在内的养老机构政府补贴机制提供了支撑。

2. 关键概念、相关理论与研究现状

2.1 关键概念界定与相关概念间的关系

2.1.1 “养老服务”“养老机构”与“养老机构市场化”

本书所界定的“养老服务”，是指全社会为老年人群体提供必要的生活、照料和精神等方面的服务，满足其物质生活和精神生活的基本需求。养老机构是指为老年人提供生活起居、日常照料、健康管理和精神文体娱乐活动等综合性服务的机构，可以是独立的法人机构，也可以是附属于医疗机构、企事业单位、社会团体或组织、综合性社会福利机构的一个部门或者分支机构。根据政府和非政府出资情况，本书界定为“公办民营”“民办公助”和“政府购买”三类。而“养老机构市场化”是指相对于传统计划经济体制下的养老机构而言的，养老机构的投资、运营和管理走出由政府包办的模式，采用市场主体（包括企业和个人）参与投资、运营和管理，共同负担养老机构经营盈亏的一种形式和趋势。

2.1.2 养老机构的“补贴模式”“补贴模型”与“补贴机制”

在本书中，养老机构的“补贴模式”特指在养老机构市场化进程中，政府通过财政（含税收）手段补贴给养老机构，解决养老机构及其服务供给不足的方法，包括一整套财政支付、财政补贴、税收减免以及财务管理等系统性方案。“补贴模型”则是指用文字或数学符号表达的、用于解释在本书中各种政府补贴具体方式的关系式[①]；同时，在本书中，“补贴机制”则被定义为：在养老机构政府补贴过程中，各要素之间的结构关系和运行方式。

---

① 廖楚晖．经济学方法论：公共经济学的应用（第二版）［M］．中国财政经济出版社，2016.

2.1.3 养老机构的“补贴模式”“补贴模型”与“补贴机制”之间的关系

根据上述相关定义，“补贴机制”是在“补贴模式”既定的前提下，各要素之间的结构关系和运行方式；在此，作为本书研究的一种需要，“补贴模型”是“补贴模式”中的一种具体操作方法或算法，为本书中“补贴模式”的重要组成部分；而各“补贴模型”与其他相关要素一起运行，构成了养老机构的政府“补贴机制”。

2.2 相关理论支撑

本书研究直接关系的理论主要有公共产品理论、社会保障理论以及成本与收益理论等。

2.2.1 公共产品理论

公共产品理论是西方公共财政理论的核心，也是本书研究的重要依据之一。根据公共经济学，社会产品分为公共产品和私人产品。在现代经济学中，以萨缪尔森（Samuelson，1954）为代表的《公共支出的纯理论》一文从自然属性角度出发，论证了公共产品具有非排他性和非竞争性。公共产品或劳务具有与私人产品或劳务显著不同的三个特征：效用的不可分割性、消费的非竞争性和受益的非排他性。而凡是可以由个别消费者所占有和享用，具有敌对性、排他性和可分性的产品就是私人产品。介于两者之间的产品称为准公共产品。

在公共产品中，准公共产品随时可见，其表现形式主要有两种：第一种是“俱乐部产品”，该表现形式是美国著名学者布坎南在萨缪尔森等学者的研究基础之上创造性的提出的（Buchanan，1965）。“俱乐部产品”是指一些人可以消费而另外一些人被排除在外的产品，它可以囊括纯私人产品和纯公共产品之间的全部情况。比较常见的“俱乐部产品”如公园收费、海滩收费等。由此可见，“俱乐部产品”具有非竞争性和排他性的特征。第二种称为“拥挤型”公共产品，是指消费者容量是有限的，当消费人数超过了其容量，则会产生排队等拥挤性问题的公共产品，故理论上“拥挤型”产品虽然为全社会所有，但在实际使用消费过程中，因消费人数的影响，存在部分竞争性。例如，公共道路虽然为全体公民所有，但其有一定的容量，车辆数超过了这一容量，就会造成堵车现象。要想扩大车流量，就应加宽或再建公路，就须增加成本费用。由此可见，“拥挤型”公共产品是有竞争性和非排他性特征的。

由于各国政府的财政能力不能无限度地扩大，且需要受到预算的约束，政府在提供纯公共产品的范围和能力是受到约束的，属于政府完全提供或负担的公共产品种类也十分有限。随着我国老年人口的增长，我国政府在推进养老机构市场化进程中，打破传统政府包办养老机构而大力吸引社会力量举办养老服务机构是一种长期的趋势，在这一进程中，传统计划体制下的养老机构需要逐渐由市场和社会各方力量来负担成本，养老机构也不再是传统计划经济体制下的纯公共品由政府负担，而政府在面临养老机构走向市场化的初期，有责任也需要对这类准公共品进行补贴，以吸引市场各方主体参与，直至养老机构全面实现市场化。

2.2.2 社会保障理论

社会保障理论与公共经济学和公共政策学密切相关，是用经济学、管理学、伦理学、法学等理论来研究一个经济体中经济保障、服务保障、精神保障、行政保障的一个庞大的理论体系。其中的服务保障的提出也是社会环境变化的结果。

就本书研究的理论借鉴而言，书中设计了社会保障庞大理论体系中的服务保障和行政保障等内容。具体来说，一是发展中的中国国民收入水平的提高，既提高了居民的消费能力，又带来更高层次的社会保障需求，二者共同促成了社会保障服务的繁荣；二是人口和家庭结构的变化，降低了家庭的保障功能，原来由家庭提供的养老、医疗等服务逐渐跟不上需求，亟须通过政府、家庭和社会等途径予以弥补；三是老龄化社会的到来，以及高龄、失能、残疾等特殊群体的大量存在，进一步对养老服务提出了新的要求。在依据传统社会保障理论及其理论变迁解读的过程中，本书既需要以传统社会保障理论为基石，又要依据社会化需求和政府职能变迁进行实践，以适应当前我国在服务保障供应中采取的积极举措，为碎片化的公共服务保障理论构建提供现实注脚。

2.2.3 成本收益理论

成本与收益理论是与市场经济相对应的产物。在市场经济条件下，如果企业的所有者不能亲自经营企业，就会找人代理，这时委托人购买的是代理人的服务与管理才能，但由于代理人具体管理着企业，掌握着比委托人更多的信息，从而有条件凭借这个优势来获得更多的私人利益，由此造成委托人的损失，因而需要对代理人进行成本和收益的管理。

从纯经济学角度看，收益大于成本的预期是人们行为的基本出发点，因而是人类社会的首要理性原则。“人们联合成为国家和置身于政府之下的主要目的，是保护他们的财产……是为了人民的和平、安全和公众福利”（洛克，2009）。人们之所以要投入一定的物质或钱财，是因为希望通过这样的投入能够得到更多的物质和钱财。不想得到收益的投入是不存在的，或者说，不想得到收益的投入也就无所谓投入，根本就不存在所谓成本问题。社会对政府花费了成本，其根本目的也正是在于从政府那里得到比这个成本更高的收益或者说效益。相对于企业效益来说，政府的成本与效益关系复杂得多，政府的效益是一个综合指标，比较难于评价。而且“政府的产出是正效益还是负效益，有时候难以判定。基于成本收益理论，结合经济学研究方法，本书的出发点正是从养老机构的盈亏平衡点出发来进行借鉴和研究。依据我国政府发展目标，在未来我国要实现养老机构全面市场化，养老机构需要营利才会引入投资机制，但目前仍然需要政府形成良性补贴机制进行补贴帮助投资主体解决营利能力不足的问题，以吸引社会各方力量参与到养老服务市场中来。

2.3 国内外研究现状与简要述评

西方发达国家的养老服务机构市场化发展起步较早，政府参与养老服务机构发展的体制机制相对成熟。养老机构市场化的改革目前处于起步阶段。而我国是一个有着上千年“养儿防老”历史传统的国家。随着我国人口结构的变化，伴随而来的将是老年人对养老服务的需求与日俱增，且呈现多元化的趋势。改革开放以来，建立起来的许多公立养老机构缺乏市场化的竞争机制，民营养老服务机构的发展也面临着资金不足、营利困难等问题。因此，建立科学的政府补贴机制，推进我国养老服务机构的市场化，增强传统养老服务机构的生存和营运能力，满足老年人多元化的养老服务需求等问题受到越来越多的关注。通过对文献的梳理可以发现，目前的研究主要集中在以下几个方面：

2.3.1 关于养老服务机构市场化发展的原因和必然性的研究

Dorty（1986）针对美国养老服务问题，从人口统计学的角度进行了研究，发现当时美国非正式照顾仍然处于较高水平，但一些影响老年人和家庭的人口趋势可能会改变这一情况，因此当时政府针对养老机构提供现金补助或免税补贴的建议并没有成为该领域问题研究的核心。

张俊良等（2010）的研究指出，当前我国养老市场产业化程度不够，导致养老资源出现供需矛盾的问题，养老资源配置效率也不高。由于养老服务和资源是可以由市场完成资源配置的，因此可通过引入市场机制，使营利性企业或养老服务机构能通过对养老产业和市场的参与，解决养老服务各类资源的供给与创新等方面的问题，让老年人能够通过市场选择行为满足自身的养老需求。林娜等（2011）进一步指出，当前有许多老年人不愿意和子女生活在一起，她对这些“主动空巢”的老年人养老问题进行分析后认为，有必要构建一种“社区—居家养老服务模式”，这一模式的构建需要在政府的主导下，依托社区，采取市场化的养老服务供给渠道，结合志愿服务并引入市场机制，推进养老服务的产业化、市场化发展，构成多元化的养老服务体系。

张宝平等（2013）则将关注重点放在了我国的农村地区，认为我国农村老年服务市场化发展的速度进程明显加快，并在选取了重庆市的8家乡镇卫生机构进行了调查研究，结果表明，由于自身承受能力的限制，许多乡镇卫生机构在面对农村老年服务市场化时的准备不足，老年服务的定价机制还没有形成，相关配套措施也还没有建立起来。其研究结论认为，应当尽快健全相关配套制度，强化农村养老服务机构的自主定价和自主发展的能力，同时给予政府财政补贴，以推进农村老年服务的市场化发展。在此基础上，钟慧澜等（2016）对瑞典、英国、澳大利亚等社会福利国家的养老服务市场化改革进行了分析，发现这三个国家的养老服务由传统国家福利型向混合福利改革的内在逻辑和规律，为我国养老服务市场化改革的重要借鉴。

2.3.2 关于政府补贴养老服务机构的作用研究

关于政府补贴养老服务机构方面的研究，Kane R.（1995）提出了能进一步去除居家护理、机构护理与其他形式的长期护理服务之间的清晰界限，放宽家庭护理的政府补贴范围。而美国健康照料协会（2003，AHCA）研究发现，与另外两类养老服务相比，政府资助的机构养老可以大大缩短老人等待各类养老服务耗费的时间。

董红亚（2012）指出我国相当一部分老年人还无力购买养老服务，而我国财政能力的提升为养老服务的补贴提供了现实基础。对养老服务进行补贴，不仅有利于满足低收入老年人的服务需求，履行政府的公共服务责任，也有利于推动养老服务机构市场化改革，推进养老服务的产业化发展。应制定有效的养老服务补贴政策，确定补贴对象、发放标准和程序，同时建立相应的评估、信息反馈和人员队伍组织制度。魏文斌等（2013）对我国社会养老服务体系的构建进行了探讨，认为当前我国养老服务模式应由家庭养老朝着社会化养老模式转变，逐步提高居家养老补贴标准，发挥市场机制的作用，着力培育多层次的养老服务机构，以满足老年人多层次的养老服务需求。以南京市和天津市养老机构为研究对象，冯占联等（2012）的实证研究则发现，当地政府对这两个城市的公办养老机构均进行了较大力度的财政支持，对民办养老机构的支持则较少。公众在享有养老资源方面存在机会不平等问题。其研究结论肯定了政府的鼓励和政策扶持的积极作用，认为应进一步合理分配养老服务资源，着力扶持民办养老机构，推进养老服务机构的公平竞争和协调发展。以上海市为例，张歌（2014）的研究对城市居家养老服务筹资渠道的困境进行了分析，认为上海应加快培育竞争性的社会资本参与到养老服务中来，以建立资金配置体系，解决上海市居家养老服务发展遇到的一些问题。

2.3.3 关于推进养老服务机构市场化的路径和政府补贴方式的研究

Campbell et al.（2010）的文献研究指出，政府直接出资兴建、资助私人建立养老院等方式，对老年人社区照顾服务和援助具有直接影响，而政府对养老服务体系的监管、采取政策导向引导全社会支持养老服务业，同样能对调动市场和社会参与养老服务起到核心作用。

养老护理是养老机构服务的重要服务内容之一，Miyake A，Yasuoka M.（2016）总结了政府提供家庭养老服务补贴的基本形式，指出这一措施能够有效促进老年群体购买各类护理服务，从而减少老年群体对子女的依赖，而在老年护理服务业足够发达的情况下，政府对养老机构的补贴可以比政府育儿服务补贴更能有效提高生育率和促进劳动力供给。

Montin（2015）着重考察了地方自治色彩浓厚的瑞典地方政府在最近几十年提供养老服务方式的变迁，指出养老机构服务外包作为近十几年来瑞典提供公共服务的大趋势，实际上并不能提升瑞典社会的整体福利，因此政府在对养老机构进行市场化操作时需要进一步对其进行一些补助。

范西莹（2013）通过对目前实行的民办养老机构优惠政策进行分析发现，竞争性政策有利于民办养老机构的平稳发展，税收减免和补贴政策能有效吸引社会资金投资，而融资和贷款方面的政策是目前民办养老机构最受青睐的。董红亚（2013）的分析认为，政府应从税收、土地、财政资金等多方面予以支持和引导，同时完善“政府购买”服务制度，逐步将民办养老机构发展为社会企业，鼓励和引导企业进入养老服务领域，以促进养老服务事业的全面发展。

于水等（2015）的研究认为当前我国“政府购买”养老服务存在服务范围与补贴标准不公平等问题，指出政府应明确界定“政府购买”养老服务的范围，制定合理的补贴标准，同时加大“政府购买”养老服务的财政投入，让老年人能够机会均等地享受市场提供的养老服务。在此基础上，高传胜（2016）以供给侧改革为研究背景，对我国老龄服务业促进政策进行了重新审视，经过分析认为，并非所有养老服务都具有公共服务性质，而享受特殊优惠扶持政策的公办养老机构也不应进入经营性领域，否则将扰乱养老服务市场竞争机制。为扩大养老服务机构市场发展空间，可采取“公建民营”“公助民营”和“政府补贴”等措施促进养老机构发展，采取“政府购买”服务或者直接补贴老人的方式，增强老年人对养老服务的购买自主性，进而培育优秀的养老服务行业主体。

也有一些研究和文献选取部分地区样本进行了实证研究，如梁莹等（2012）通过访谈法、调查法等对南京市的四家民营养老服务机构的生存发展现状进行了分析，结果发现，这些民营养老机构具有成立时间短、资金来源多元化、规模不大、入住率较高等特点，也存在着护工文化素质和工资待遇不高、人员短缺等问题。其结论指出，政府要加大对民营养老机构的补贴力度，补贴渠道可有两种：一是按床位进行定额补贴，二是实行机构养老服务的“政府购买”。罗楠等（2012）则以西安市为分析样本，对居家养老服务方式的优势进行了分析，从政府财政支持的角度，提出了可持续的养老服务财政预算投入机制，认为应将“高龄补贴”方式转变为“老龄补贴”方式，结合个人直补、发放养老券等“政府购买”方式，降低社会服务机构的准入门槛，鼓励社会力量参与兴办居家养老服务，政府要出台关于用地、用电、税收、技能培训等优惠政策，进行补贴方案的优化设计，以实现适度普惠的社会福利发展目标。王裔艳（2015）则在“福利论”分析的视角下，对上海居家养老服务的供给、购买等问题进行了研究，认为上海居家养老服务购买主要有全额政府补贴、部分政府补贴和无政府补贴三种情况，通过进一步分析发现，上海居家养老服务存在补贴类型相对单一、公共部门发展缺位等问题，政府补贴有待优化，并提出培育公共机构、改进政府补贴政策等建议。周娟（2016）通过案例研究方法对我国农村养老模式创新进行了探讨，发现农村目前主要存在家庭养老、机构养老（政府主办）、社区居家养老以及市场化机构养老等7种模式，这些模式是政府倡导、社会自我创新的结果，认为中国农村养老服务发展有很大的潜力，政府应进一步采取土地确权等措施，支持社会资本进入，推进农村养老服务的市场化发展。

在此基础上，杨宜勇等（2016）的研究发现，我国养老产业发展存在许多问题：一是总量供给不足，现有的床位量不足；二是存在结构性矛盾，在总量不足的同时出现服务资源空置的情况；三是社会资本参与养老事业困难，面临着进入难、运营难、生存难等多重困境；四是产业发展不均衡等。针对这些问题，该研究提出了一些对策建议，如拉动养老产业投资，营造良好的投资环境；改变养老服务补贴方式，由“补供方”转为“补需方”；改善政府补贴机制，取消空置床位补贴，提高床位利用率等。

巢小丽、毛寿龙（2017）基于机构养老 PPP 模式进行积极探索，对F省不同性质养老机构Y养老公寓、X养老院和S养老院等三个案例的比较分析显示，公建民营机构养老方式在养老服务提供的社会化、公益性、专业化程度、机构运行效率、减轻政府财政负担等方面具有显著优势。认为政府应在廓清“公共部门—私营部门—消费者”等三者关系基础上，关注消费者的需求，明晰公、私部门在PPP模式运行不同阶段的各自职责和功能。

此外，还有一些研究从不同的视角对养老服务机构市场化的路径进行了分析，如曲绍旭（2014）对NGO介入我国养老服务体系的主体建立、服务过程和效果评估等方面的作用和价值进行了探讨和研究；郭丽娜等（2016）对构建一种“互联网+养老服务”的模式的研究等。

2.3.4 关于养老服务机构政府补贴政策、效果和机制的研究

Allen Walker（2000）梳理了欧盟各国公共养老机构的功能以及政府财政承受度，指出除公办养老机构和传统家庭养老以外，欧盟各成员国应明确社会上各类民办营利或非营利的养老机构承担的具体责任。Ohara（2006）通过日本政府对小型社区养老机构Takuroujo实行补贴预算的分析，明确了政府补贴这一机制的效果，提出了存在的问题，为老年护理服务的政府养老机构补贴政策提出改善的建议。Robert L. Kane（2011）比较分析了四个在老年政策上有代表性的国家：美国、德国、加拿大以及澳大利亚各自采取的老年政策的具体内容以及政策运行效果，提出市场应当是长期护理服务的供给主体，而政府在养老服务领域的责任应当仅限于质量监管。

在政府补贴政策研究方面，唐钧（2014）对失能老

人的护理补贴制度进行了研究，认为在国家层面应以“公办民营”或“民办公助”为基本模式，支持专业养老服务机构的发展，将老年服务向社区和家庭延伸，将家庭、养老服务机构、社区日间照料中心等融合为一个完整的养老服务体系，并对失能老人的护理补贴制度的指导思想、管理部门、政府补贴、资金来源和管理考核等进行了全面探讨。

在政府补贴机制方面，张晖等（2013）对杭州市居家养老财政补贴模式进行了研究，认为杭州市在购买居家养老服务方面，存在着政府、社会和家庭职责不清、产业发展滞后、服务形单一等问题，建议建立科学的考评指标等，提高养老服务的质量。董红亚（2014）对我国养老服务的财政补贴制度变迁进行了分析，认为我国的养老服务补贴制度应完善顶层设计，建立评估体系，强化监督机制，以进一步完善养老服务补贴制度。陈雷（2016）从公平性和有效性两个角度对我国民办养老机构的优惠扶持政策实施评估进行了研究，认为当前民办养老机构存在制度不规范、设置规划不健全、忽视小型民办养老、政策措施未全面落实等问题，优惠扶持政策实施在公平性和有效性方面都存在较多不足之处，应完善民办养老机构优惠扶持政策的顶层设计，推进政策公平性，从土地、税收、金融信贷支持、人才队伍建设、政府监管等方面的改革，充分发挥市场资源配置的基础性作用，为养老服机构营造良好的市场竞争环境。

在政府补贴机制的调整方面，柳键等（2013）建立了一个将政府补贴、老年人需求结构、机构养老偏好、民办养老机构服务成本和定价等因素考虑在内的博弈模型，对政府补贴与民办养老机构定价的关系进行了深入分析。夏涛（2014）则对公办养老服务机构的政府补贴机制进行了博弈分析，建议制定统一的养老服务行业规范，提升政府监管力度，加大对违规的养老服务机构的惩罚力度，增强政府补贴的效果。

方俊、李子森（2018）结合广州自20世纪90年代广州老城区的Y区已进入重度人口老龄化阶段，政府直接提供的机构养老服务难以满足旺盛的养老服务刚性需求对养老服务政府购买问题进行了实证分析。研究结论显示，政府购买服务项目有效缓解了养老服务供给不足的矛盾，但也存在制度规范不健全、财政支持力度不足、监督评估机制亟待完善的问题。

2.3.5 简要述评

上述文献就养老机构政府补贴机制相关理论问题，并针对国内和国外的实际情况分别进行了定性分析或实证研究，为本书针对养老机构市场化的政府补贴机制的研究着力点、研究分析方法和研究框架等的学术前沿提供了有益的借鉴和分析基础，但相对于本书研究的目标和要解决的问题而言，还存在一些研究不足和疏漏：

一是该类研究多为应用型，少有对政策预估及走势进行分析，而这一点对于养老机构政府补贴模式的探讨是至关重要的；二是养老机构的建设和服务项目是政府补助的重要内容，对于养老服务对象以及他们需求复杂性是不应该忽视的，因此，结合预算约束对养老机构政府资助机制的分析还有研究空间；三是从分析角度来看，营利能力问题应该是政府支持养老机构市场化发展的一个关键问题，从这个角度来进行研究的文献较少。以营利性为出发点、充分考虑到市场营利机制的政府对养老服务市场运行的研究还不多见。

综上所述，考虑到养老服务的复杂性、多样性，结合预算约束，从投资运营机构营利性角度，对养老机构市场化过程中政府政策走势的分析，依据传统的理论和机理，找到研究问题的关键，探讨能充分调动社会各界参与到养老服务的积极性，研究解决养老服务政府补贴的新机理、新机制，在当前推进我国养老服务市场化，以实现城乡基本公共服务均等化改革这一领域，仍有新的研究空间。

3.

我国养老服务机构的市场化发展与现状

3.1 引言

西方发达国家的养老服务机构市场化发展起步较早。例如，美国在20世纪五六十年代就开始进行养老服务机构市场化改革，老年人集中入住养老院、老龄公寓等养老服务机构，通过市场购买养老服务的方式满足老年人的需求，目前由政府举办的养老服务机构占市场比重不到

10%①。澳大利亚政府在20世纪80年代开始进行养老服务机构的市场化改革，并于1985年颁布《家庭和社区照料法》，采取竞争性招标和合同外包的方式将养老服务交给非营利组织提供。目前澳大利亚由地方政府所有的养老服务机构仅占5%左右②。英国于1990年颁布《社区照料法》，鼓励地方政府向私人组织购买养老服务，采取个人付费、政府补贴的养老服务付费机制，改变了原来由地方政府直接提供养老服务的运营模式，开始进行养老服务机构市场化改革③。到2008年，由私人建设运营的养老服务机构占到了总数的74%。目前，英国的老龄产业基本实现了私有化，私人企业逐渐发挥主导作用，政府对老年人予以资金上的支持④。

近年来，我国大力发展老龄事业，养老服务体系初步建立起来，养老服务机构则是这一体系得以建立和运行的重要载体。通常来说，养老服务机构是指为老年人提供集中居住和照料服务的机构，包括养老院、敬老院、福利院、老年公寓、托老所和老年康复院、社区日间照料中心等类型⑤。尽管有诸多不同形式的养老服务机构，但由于养老服务和产品供给不足、市场发育不健全、运营成本及管理等方面的原因，养老服务机构存在资源利用率不高、运营获利甚微乃至负债甚至无法维持运转等问题，不能满足我国人口老龄化带来的巨大养老服务需求。因此，总体

---

① 资料来源：土齐彦．老年服务业态研究［M］．北京：人民出版社，2014.

② 资料来源：Sue Yeandle, Teppo Kroger, Betting Cass. Voice and Choice for Users and Carers? Developments in Patterns of Care for Older People in Australia, England and Finland［J］. Journal of European Social Policy, 2012, 22 (04): 432 - 445.

③ 资料来源：钟慧澜，章晓懿．从国家福利到混合福利：瑞典、英国、澳大利亚养老服务市场化改革道路选择及启示［J］．经济体制改革，2016 (05): 160 - 165.

④ 资料来源：土齐彦．老年服务业态研究［M］．北京：人民出版社，2014.

⑤ 资料来源：《养老服务机构设立许可办法》中华人民共和国民政部令第48号的规定。

上，我国养老服务机构自我发展的能力不强，是阻碍养老服务产业发展重要原因。

3.2 养老服务机构市场化的动因、方式和特征

3.2.1 养老服务机构市场化发展的动因

3.2.1.1 市场经济运行规律的必然结果

养老服务机构要满足不断增长的养老服务需求，巨大的资金投入是必不可少的。中国工程院院士钟南山认为，我国的老年人消费产品供给量还不到1000亿元，但实际需求量却很高，据预测已达到10000亿元，实际供应量不足需求量的1/10。随着老年人口增长，该需求预计在2020年将达到30000多亿元，到2030年甚至可能达到80000亿元①。仅仅靠政府的投入是远远不能够满足如此庞大的需求量的，需要各方通力合作，在养老服务领域引入更多的社会力量，才能够满足其需求。

市场机制对养老服务的供需具有强烈的敏感性，自身能够调节需求，市场竞争会迫使养老服务机构以营利为目的，不断改善服务质量，寻求并提供老年人最为需要的服务。将养老服务机构纳入市场化模式的轨道，在市场经济

① 数据来源：新华网．我国养老服务业供需缺口巨大［EB/OL］．http://www.js.xinhuanet.com/2014-09/22/c_1112573890.htm，2015-05-24.

运行的规律下，达到供求平衡的状态。因此，充分调动社会力量参与到养老服务事业建设中来，发挥市场对资源配置的决定性作用，使社会力量成为养老服务的主要提供者，以应对老龄化问题。在未来，随着养老服务机构向市场化运营方式的转变，民办民营的养老服务机构将得到大力发展，逐渐成为提供养老服务的主体。

3.2.1.2 社会福利社会化发展的必然要求

近年来，各国在极力倡导社会福利社会化，在此背景之下，我国政府努力促进多种所有制形式的养老服务机构共同发展，在投资方面采取国家、集体和个人等多渠道投资方式。同时，为努力营造公平的养老服务市场环境，政府在培育社会中介组织和市场方面，付出了巨大努力，逐步推动公办和社会化兴办养老服务机构，力求以市场需求为导向，提高养老服务质量，按市场机制来运作，只有这样才能实现社会福利社会化的目标。

3.2.1.3 养老事业自身发展的内在要求

由于我国的历史发展原因，养老服务机构长期由政府负责，养老事务长期在计划经济体制下运作，许多公办的养老服务机构的市场竞争意识不足，缺乏改善经营能力的动力，在服务提供的效率方面也差强人意。在服务范围上，面对不同的群体，提供服务的方式不尽灵活，服务质量有待提升。为适应日益扩大的养老服务市场需求，公办养老服务机构应转变思想、摒弃传统计划经济体制下的管理方式、提升适应现代化市场的能力，积极参与到市场竞争，在市场机制下力发展。

同时，老年人的养老服务需求正在呈现出多样化的特征，在需求总量增长的同时，其要求的质量也在提高，尤其是随着年龄增大，老年人的健康状况不如从前，患各种疾病的可能性增加，对医疗服务需求将逐步增长，养老服务机构需要将“医疗服务”和“养老服务”统一起来，提供“医养结合”的服务，包括老年人慢性病管理服务，也包括康复和服药等基本医疗服务，这是养老服务机构发展的方向。只有市场化的发展方式，才能够将“医养”两者充分结合起来，避免医疗和养老资源的过度使用和浪费。

此外，我国的第三产业在加入 WTO 之后，开放程度逐渐提升，开放就意味着竞争，第三产业中的养老服务业也不例外，加上政策上允许外资注入养老服务产业后，养老服务市场竞争将更加激烈，对养老服务管理、质量提出更高的要求，养老服务必须向产业化、集团化、多元化方向发展，以积极姿态参与养老市场竞争，才能在市场上立足和生存。

3.2.1.4　财政支出体制改革的需要

养老服务需求的增大，市场供给不足，养老服务机构发展能力不足，急需资金注入，仅靠政府公办养老服务机构难以有效满足要求。因此，政府可以投资并补贴，部分承担运作经费。养老服务机构的市场化运营可以把部分成本与投资风险转移到其他投资主体，从而缩减财政支出，推进社会福利的社会化。同时，由于养老服务的特殊性质，其市场化可使得养老服务逐渐脱离公益性质而成为一种追求性的商品，有利于节约成本和资源，提高养老服务的质量和资源的有效利用。

3.2.2 我国养老服务机构市场化发展的形式

关于养老服务机构市场化发展的具体形式，政府相关部门曾出台过许多政策对其发展方向进行引导：2011 年，国务院颁布了《社会养老服务体系建设规划（2011—2015 年）》，提出政府将积极支持以“公建民营”“民办公助”“政府补贴”“购买服务”等多种方式兴办养老服务业，在解决资本问题方面，该文件提出要支持民间资本的投入。2013 年，国务院又下发《国务院关于加快发展养老服务业的若干意见》（国发〔2013〕35 号，简称《意见》），该文件对养老服务机构市场化的具体办法进行了方向性的探索，如该文件指出，在有条件的地方，积极开展公办养老服务机构改制试点，如果条件允许，可以改造公办养老机构，增加其服务范围和经营方式，提供面向社会的经营性服务，从性质上将公办的养老机构转制成为企业。对于由政府投资兴办的养老床位，可以改变原有的管理运营方式，如采取“公建民营”的办法实现这一目的，促进民间资本积极投入养老服务事业，如可以采取委托管理等方式，将公有产权性质的养老服务设施交给民间资本运营。同时，《意见》提出要鼓励城市的资金、资产和资源对农村予以适当转移，支持农村地区养老服务的发展，在财政资金支持方面，也应当重点向农村倾斜。不仅要结合医疗卫生与养老服务，而且需建立相关的补贴制度，以解决经济困难的高龄和失能等老年人的养老问题。《意见》同时还指出，如确实需要，可以采用“民办公助”“补助投资”“贷款贴息”“运营补贴”“购买服务”等方式，增加社会资本注入的积极性，支持社会力量举办养老服务机构。

基于上述几种方式，本书在讨论养老服务机构的政府补贴机制时不做单独研究。因为“购买服务”的主体是政府，因此也称之为“政府购买”或“政府采购”。由此，我国养老服务机构的建设和市场化运营大致可分为“公建民营”“民办公助”“政府购买”等几种方式，下面将分别进行讨论。

3.2.2.1　养老服务机构的“公建民营”

“公建民营”方式是指在养老服务机构的建设期，由政府出资，在经营管理和运作期，政府只承担行政管理与监督职责，其具体的运营管理以招标的方式，交由社会组织或民办服务机构进行。当然，政府行政管理监督是参照政策法规和行业规范标准进行的，这在一定程度上也保障了养老服务机构的合法权益。

具体方式：“公建民营”的实质是对政府举办养老服务机构的方式进行彻底改革，不仅要改革管理体制，也要彻底改变投入机制，将由政府出资举办和经营养老服务机构的方式进行。主要包括两种形式：一是通过对原有公办养老服务机构体制的改革，使得政府从养老服务机构的建设到管理运营完全包办中脱离出来，委托给民间机构或者个人承包管理，也称为“公办民营”；二是在新建养老服务机构时，政府不直接插手，只负责资金筹集，在建设期通过公开招标的方法，从社会服务团体、民间组织、企业或个人中选择最优的承接主体，由确定的承接主体负责具体的建设事务，在建成后，养老服务机构要采取市场化的方式负责管理、服务和运营，而宏观管理和监督检查的职责由政府承担。

实例：福建省永安市曾经对“公建民营”模式进行探索，位于永安市内的国德老年公寓就是一个突出的例子。该老年公寓的建设得到当地政府的大力支持，如土地是政府无偿划拨的，政府还负责建设基础设施，但规定了使用权的有效期，有效期之后老年公寓则归政府所有。2009 年以招标方式引进资金，最终福建国德医院投资管理有限公司中标，政府与该公司签订了 20 年的场地租赁合同，以租金的方式，将老年公寓的管理经营权交给国德公司，该公司自主经营，采取市场化的方式进行运作，并独立核算、自负盈亏。根据合同规定的内容，政府拥有对国德公司进行监督、检查和质询的权力。这一方式取得了巨大成功，该老年公寓开业不到一年的时间，大多数养老床位已经入住，经后期调查，其入住率已经超过 85%[①]。

适用范围：由于“公建民营”的方式的运行受经济发展水平和财力限制，所以其保障范围不能太广泛，应当重点保障“三无”、五保、军烈属等特殊群体，以及那些经济特别困难的老人的养老服务需求，适合用于福利型或护理型养老机构，或者非营利型的社区养老服务设施等情况。

3.2.2.2 养老服务机构的“民办公助”

“民办公助”可以分为两类：一是由民间资本进行投资兴建的养老服务机构，它们在工商部门进行登记，并允许获取收益，为了促进其发展，政府给予一定的补助进行扶持；二是由民间资本进行投资，在民政部门登记的非营利养老服务机构，这类非营利性机构不允许分红。这些机构一般是民间组织、企业或非营利组织（如公益基金会等）等进行自行建造的，其购买土地、租用房产等资金

① 数据来源：福建省民政厅、福建师范大学联合课题组对永安市国德养老公寓的调查结果数据。

全部自付，同时也自主经营，但由于其具有一定的福利性质，由政府根据相关政策给予一定的补助。

“民办公助”主要由民间力量进行投资，兴办各种各样形式的养老服务机构，政府给予一定的补助，帮助其提高生存能力，但并不改变其所有制属性，养老服务机构的管理和运营遵循市场机制的原则，追求利润最大化，与市场经济接轨。主要优点在于两方面：一是政府对养老服务机构进行一定的资助而不是出资大部分，让民间资本进行主要投资及建设，减轻政府财政负担，解决财政能力的限制问题，推动社会化养老；二是政府可以明确养老服务需求发展方向，贯彻政府政策思想意图，将老年人的需要以及机构发展需要相结合，政府则运用政策和调节措施对其进行调控和干预，以保障老年人获取更好的养老服务。

实例：2013 年日照市采取了许多措施支持养老服务机构发展，例如新建的养老服务机构，每个床位 7150 元的补贴，资金由市级以上财政负担；对已经开始运营的养老服务机构，如果该机构收住了自理、半自理、不自理老年人，则按照收住的人数分类给予数额不等的运营补贴，按照自理程度进行划分，自理老人每人每年 720 元，半自理的每人每年 1200 元，如果老年人完全不能自理，则将金额增加到 1440 元。对于社区日间照料中心的建设补贴，其规模不同，当地政府补贴金额也有差异，规模越大，补助越高，最少的 3 万元，最高的可以达 37.5 万元。对于农村幸福院的建设，在条件符合的情况下，政府将补贴每个农村幸福院 9 万元①。

适用范围：“民办公助”的养老服务机构性质特征决定了其可以是非营利养老服务机构，也可以具有营利性，

① 数据来源：李平．日照社会办养老的新实践［J］．中国报道，2015，01：66－67.

与“公建民营”的主要区别在于设施或事业的产权主体不是政府而是民间机构或组织。这种方式下，政府财政压力较小，大部分风险由养老服务机构自行承担，收住的老年人群由市场决定。

3.2.2.3 养老服务的“政府购买”

“政府购买”方式是指政府为满足老年人对养老服务的需求，通过购买服务的方式，让有需求的老年人自行选择服务内容和时间，享受由政府出资进行购买的养老服务。“政府购买”养老服务，受到财政部门和其他有关政府部门的监督，也接受来自社会公众的监督，因此在购买的各个环节，都要遵循透明、公平、公开、公正的原则，严格规定的程序和条件选择养老服务机构，在保证购买的方式、方法和程序符合法律法规的前提下，实现政府财政资源使用效率最大化。

“政府购买”的核心在于，原有的财政拨款基数不变，还是按照原来的方法计算需投入的财政资金，只是不再直接拨款给养老服务机构，而是将原来按照入住人数等名义拨款的项目整合，统一用于养老服务的购买，以直接服务或以代金券的形式，直接发放给有需求的、符合条件的老年人手里，让其自行选择养老服务。

采取这一形式的主要优点在于：一是政府直接购买养老服务，整合原来各种名义支出的养老服务资金，有利于政府集中精力，选择最适合的养老服务提供主体，有利于提高财政资金的利用效率。将这些有限的资金采用招标等方式，购买尽可能多的养老服务，有利于提高财政资金的使用效率，满足老年群体更多的需求。二是对入住养老服务机构的老人实行直接补贴（或服务券发放），老人可以根据自己的意愿和需求选择各类养老服务机构接受服务，有利于提高老年人服务满意度。三是政府根据质量与价格选择采购对象，按照原定的采购标准公平对待各类养老服务机构，将竞争机制引入到养老服务的供给过程中，进而改进养老服务质量，促进养老服务事业的健康发展。

实例：天津市作为国务院批准实行“政府购买”养老服务的试点城市之一，自2008年开始，该市向本地60周岁以上低保老人发放代金服务券，老年人在领取服务券后，根据自己的需要自行选择需要的服务，到指定的养老服务机构或公益性公司兑换，这些机构在提供养老服务后，可得到政府的财政担保和贴息扶持①。

适用范围：“政府购买”形式进行的政府补贴，将政府补贴直接发放给老年人，充分尊重了老年人的多元化养老服务需求，这种方式比较适合养老服务需求量大，但是服务对象比较分散，不宜进行集中提供养老服务的项目。

3.2.2.4 三种形式养老机构政府补贴效果的比较

“公建民营”“民办公助”和“政府购买”三种养老服务方式各有利弊，导致在我国原有养老机构市场化过程中，政府财政支持能力、支持方式方法所产生的效果都各有差异。例如公建民营的优点是参与社会组织较为多样化、承包期限灵活、社会组织参与要求高；而不足之处是政府职能错位、容易导致部分社会经营者追逐经济利益，导致部分公建民营养老服务机构背离福利性质、单纯追求营利、忽视困难老人需求的不良倾向等。民办公助养老服务的优势在于在可借助政府在划拨土地、出面协调财政，以及政策扶植等方面的便利，同时，政府通过协议形式，将“三无”“五保老人”“残疾人”等对象委托照顾，有

① 数据来源：天津市民政局官方网站：http：//mz. tj. gov. cn/。

助于改进公办养老机构在服务和管理上专业化的不足，并且市场化的运作可减轻政府负担；而不足之处往往表现在政府监督易缺位、存在投资企业的长期性风险及为节约开销使得招聘工作人员整体素质不高、对专业护理人员吸引力不强等。政府采购养老服务模式的优势则有利于能降低财政成本与风险成本，提高公共资金的使用效率，使作为"顾客"的老人对服务有更多的选择权利；而主要问题在于与市场上养老服务机构合作基础薄弱等。

养老服务机构市场化三种发展方式各有其特点，主要表现在提供服务的类别、产权主体、政府补贴的内容、补贴方式、受补贴对象及政府财政能力限制程度等几个方面（见表3.1）。

表3.1　　养老服务机构市场化方式的比较

市场化发展形式	提供服务的类别	产权主体	政府补贴的内容	补贴方式	受补贴方	财政能力限制程度
公建民营	机构养老服务	政府	机构运营+服务项目	资金支持	生产者	相对较高
民办公助	机构养老服务	民间组织	机构建设+机构运营	资金支持	生产者	相对较低
政府购买	社区居家养老服务或机构养老服务	政府	服务项目或服务成本	资金支持或代币券	生产者、使用者	一般

上述三种形式的不同特点决定了政府、社会、企业在其中的权、责、利关系的差异性，同时也决定了政府的补贴政策的不同，政府补贴的运行机制也各有特色。但这三种方式都是以市场化方式推动养老产业发展，减轻了政府财政压力，以期有效应对人口老龄化带来的养老服务供给

方面的问题。

3.2.3 养老服务机构市场化运营的特征

3.2.3.1 市场竞争机制

养老服务机构市场化的运作由过去政府包办转向从建设到运营均按照市场价格付出相关成本，提供相关的养老服务并收取费用，引入市场竞争机制，并让养老服务机构在竞争中实现优胜劣汰。

3.2.3.2 独立的市场主体

从产业角度来看，养老服务机构作为一个独立的市场主体，与一般企业具有相同的功能，都是为市场中的消费者提供相关的产品和服务，运营过程中产生相应的成本并收取相应的费用。此时，养老服务机构拥有完整的自主决策权和经营权，包括资金筹集、服务定价、日常管理、运营方式等，不受政府过多限制，但允许政府对其进行监督。

3.2.3.3 追求营利的目标

进行市场化运营的养老服务机构作为独立的市场主体，投入资金，追求资本价值的最大化，必然导致营利取向。但由于养老服务公共产品属性，投资周期长、利润率较低，因此只有从长远来看，养老服务机构的运营具有持续的可营利性，才能吸引投资和促使资金使用效率的最大化。

3.2.3.4 多元化的投资主体

任何产业的发展，最根本的前提都是投资，养老产业也是如此，要想促进养老产业发展，就必须对其进行大量的投资。通过竞争和互助机制提供优质养老服务，促进养老产业的发展，有赖于对养老服务机构建设和服务设施的投资，这就为投资的多元化发展指明了方向。多元投资结构形成需要不同多个主体进行投资，进而投资主体也必然是多元化的。养老服务机构的投资主体可分为政府、企业（如金融企业、保险企业、房地产企业等）、社会团体（如非营利组织、慈善机构）、个人等。在投资结构中，有些养老服务机构是单一的某个主体进行投资，但也存在两个或以上的投资主体组合进行投资的情形，各个投资主体对养老产业的投资和发展均具有重要作用，如图 3.1 所示。

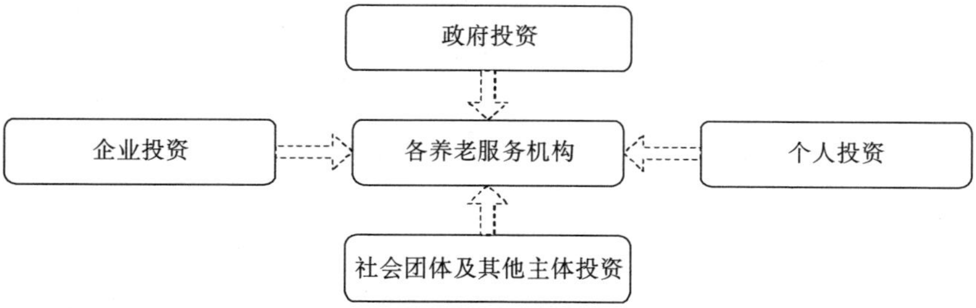

图 3.1　养老服务机构投资主体构成图

3.3 养老服务机构市场化政府补贴的原因

由于养老服务与产业的特殊性质、我国的人口特点以及养老服务供需结构性失衡亟须供给侧改革等多方面原因，养老服务机构在市场化过程当中遇到许多困难，使得养老服务体系的建设与完善遇到巨大的挑战，养老服务机构市场化过程中需要政府对其进行补贴，以促进其快速发展。

3.3.1 养老服务与产业特殊性质的需求

3.3.1.1 养老服务与产品的双重属性

一方面，从功能上来讲，养老服务机构承担着为整个社会提供养老服务的重大责任，是政府实现其公共管理职能的重要载体，是政府提供公共产品的重要媒介。养老服务本身具有公共产品的属性，其生产具有正外部性，因此养老服务机构生产的产品本身具有一定的福利性和公益性。另一方面，从产业角度来看，养老服务机构作为一个独立的市场主体，与一般企业具有相同的功能，都是为市场中的消费者提供相关的产品和服务，运营过程中产生相应的成本并收取一定的费用。此时，养老服务机构又同市场上其他主体一样，具有追求营利的特征。

由于养老服务在某种意义上属于公共产品，为确保公众平等享受服务的权利，国家通常对养老服务收费标准进行限制，导致养老服务机构的利益驱动力有限，社会力量不愿意进行参与。国家财政对养老服务机构进行政府补贴，一方面弥补了养老服务机构生产经营公共产品的供给，调动社会投资于生产的积极性，维持和促进公共产品的生产；另一方面，由于政府对养老服务机构投入和服务价格的限制，对其进行政府补贴，能够在保证低价格的同时可以维持人们对养老服务与产品的消费。可使养老服务机构因获得政府补贴没有遭受损失而乐意扩大养老服务机构各项规模，从而满足了不断增长的社会养老服务的需求。

3.3.1.2 行业投资的特殊性

养老服务产业具有其自身的特点：一是在投资初期由于需建设各种养老设施设备，投资较大；二是养老服务机构的利润较低，营利困难。2015 年中国老龄科学研究中心课题组对天津、重庆等 12 个城市的 257 家养老机构进行了调查，数据分析结果发现，仅有 19.4% 的养老机构有盈余，而有 48.1% 的养老机构盈亏基本持平，有 32.5% 的养老机构处于亏损状态。不仅如此，养老服务产业还具有微利性，使得其投入的成本需要在更长的时间内才能收回。根据现实情况来看，许多民营养老服务机构的投资回报率都非常低，只有 8% ~10% 左右，投资回收期长达 10 ~15 年。

目前，我国养老机构整体运营情况并不乐观。对养老产业的投资，“收益期较长、利润相对较低”的特点明显。以此次在包括天津、哈尔滨、重庆、武汉、长沙等 129 城市的调查数据为例，超过 3 成，有 32.5% 的养老机构是呈现亏损的状况，有 48.1% 的养老机构的运营状况为基本持平，也就是不赔不赚；仅有 19.4% 的养老机构有所盈利。从成本回收时间上来看，有超过 4 成的受访机构表示，养老机构投资的预期回收周期达到了 10 年以上[①]。还有许多养老服务机构分布在我国农村地区，不仅投资规模小，且由于农村老年群体的支付能力较弱，这些养老服务机构大部分都经营收入不多，经营管理面临着更大的困难。农村养老服务机构资金不足，偏僻的地理位置和低水平的薪资待遇，难以吸引优秀的管理人才，管理水

① 数据来源：央广网：我国超三成养老机构亏损［EB/OL］. 2015.7.16. http：//china.cnr.cn/NewsFeeds/20150716/t20150716_519233012.shtml.

平较低，难以保证养老服务的质量。由于交通条件、医疗配套设施不足，农村老年人的生活照料、医疗护理等需求更是难以得到满足①。

因此，养老服务机构如果要实现规模化经营，投资人要收回成本并有适度的利润回报，需要经过一个相比工业和其他服务业长得多的时间②。此外，投资者在面临亏损的巨大风险下，而国家税收优惠和床位补贴等扶持措施不能从根本上提高民营养老服务机构营运收入，在理性经济人的假设条件下，投资者不愿意将资金过多地投入到养老服务事业中来。因此，政府对养老服务机构进行合理的政府补贴，有利于合理的引导社会资本的参与，促进养老服务机构的建设与发展。

3.3.2 政府履行公共服务职能的必然要求

3.3.2.1 提供公共产品职能的要求

近年来，我国大力改善和保障民生，良好的基础设施是实现这一目标的重要前提，养老服务机构的基础设施当然也包括在内。公共产品的性质，使得养老服务机构基础设施建设具有收益的外溢性，会造成供给不足，政府必须对养老服务机构进行补贴，对外溢性的部分成本进行补偿，有利于鼓励引导社会资本的参与。

同时，养老服务机构承担着为整个社会提供养老服务的重大责任，是政府实现其社会管理职能的重要载体，是政府提供公共产品的重要媒介。政府应当对养老服务机构

---

① 资料来源：廖楚晖，冯丽坤．农村养老服务机构发展现状问题及财政政策研究［J］．预算管理与会计，2014（12）：27－29.

② 资料来源：中国产经新闻报．养老机构市场化之路，何去何从？［EB/OL］．2014．9．9．http：//finance．sina．com．cn/roll/20140909/223720247068．shtml．

进行补贴，使得部分养老成本由社会转移至政府，从实质上而言是政府为社会提供公共产品的途径之一，有利于政府的社会管理职能的履行。

3.3.2.2 城乡基本公共服务均等化的要求

基本公共服务均等化是服务型政府建设过程中的重要内容。2016 年《“十三五”规划纲要》指出，要完善各类社会资本公平参与医疗、教育、托幼、养老、体育等领域发展的政策，满足多样化公共服务需求，要积极推动医疗、养老等领域非基本公共服务加快发展，丰富服务产品，提高服务质量。因此，政府对养老服务机构进行补贴，激励养老服务机构为社会提供更加优质的养老服务，最终目的是为城乡社会提供均等化的基本公共服务。

此外，市场化运营必须遵循市场规律，目前我国养老服务的需求量巨大，而养老服务具有很高的收入弹性。在产品总量不足的情况下，价格竞争机制使得供需曲线的均衡点的价格会高于平均价格。此时，完全由市场提供养老服务将导致低收入者由于支付能力的限制，可获得的服务减少，市场不能为每个需求者提供适当的养老服务，这不符合公共产品和服务均等化的社会发展目标。

3.3.3 养老服务供给侧结构性改革的需要

在经济新常态下，我国老龄化程度的加深，面临着养老服务需求压力增大的同时，也迎来养老服务市场巨大潜力的机遇。但目前我国的养老服务市场存在许多问题和矛盾，从供给侧来看，主要表现在以下几个方面。

3.3.3.1 养老服务供需结构失衡

第一，养老服务床位总量偏低，目前不能满足老龄化的需求。我国的人口老龄化不断加剧，根据2017年3月国务院印发的《“十三五”国家老龄事业发展和养老体系建设规划》（参见国发〔2017〕13号，简称《规划》）的有关数据显示，截至2017年年底，我国60岁以上的老龄人口总数已经非常庞大，高达24090万人，占我国总人口数量的17.3%，其中65岁及以上的人口数量已经达到15831万人，占我国总人口数量的11.4%，而养老服务床位总量为680万张，每千名老年人拥有床位不到30张[①]。这不仅离国际上提出的“每千名老年人拥有50张床位”标准相差巨大，也离该《规划》提出的到2020年每千名老年人拥有床位数达35～40张有一定的差距。而我国的老龄人口预计到2055年将占总人口比例的35%，这将对我国养老服务床位尤其是护理型床位提出更多需求，以目前的发展情况来看，养老服务机构床位总量偏低，不能满足我国不断加深的人口老龄化对养老服务的需求。

第二，养老服务项目目前无法满足老年人多层次、多元化的养老需求。许多养老服务机构提供的养老服务依然以日常生活照料为主，偏向于收住身体健康的老年人，而对于失能等生活不能自理的老年人，由于缺乏紧急救援、护理、医疗等服务提供条件，倾向于选择不接收这部分老年人。而大多数医院或者提供医疗服务的卫生机构未开设养老服务。随着年龄的增大，老年人由于日渐衰老，身体机能出现下降，对医疗、护理服务等项目的需求也日趋增多，因此，老年人对医疗护理和养老服务的需求同时并

① 数据来源：根据国家统计局官方数据统计数据整理而得。

存。但《中国养老机构发展研究报告》的数据显示，目前有医疗设施的养老机构仅占 54.7%，有康复设施的仅占 46.6%。因此，养老服务机构不足，导致提供养老服务的内容供需结构失衡，使老年人的医疗养老服务需求无法得到满足。

第三，养老服务机构专业性服务人员的供需失衡。养老服务的具体提供者是养老服务人员，随着老龄人口尤其是高龄老人的增加，对养老服务人员的需求也随之增加。但目前养老服务人员存在着严重供需失衡问题。从数量上来看，根据全国老龄委发布的数据，我国的失能老人在 2010 年已经达到 3300 万人，随着高龄化的快速推进，到 2015 年年底，我国失能（半失能）老年人达到 4023 万人。根据国际惯例，按照每 3 位失能老人需配备 1 名护理人员的标准来看，我国养老护理人员需要达到 1000 万人以上才能满足需求。公开数据显示，目前全国养老机构护理人员不到 100 万人，供给量不到需求量的 1/10。根据国家卫生计生委发布《中国家庭发展报告 2016》显示，将 20% 的完全失能老人缺乏他人照料，养老服务人员缺口十分巨大。从本质上来看，由于工作环境差、工作强度高、工资待遇低等诸多原因，许多年轻人，包括护理专业的大学生都不愿意从事养老护理服务业，据统计，目前养老护理人员持证上岗的不到 2 万人。现有大多养老服务人员都为 40~50 岁的下岗人员，文化程度不高，缺乏专业知识教育和培训，很难提供专业性的养老服务。但老年人尤其是高龄老人，除日常生活照料等基本需求以外，还需要心理咨询、精神慰藉、护理就医、康复服务、临终关怀等多方面的服务需求，这些服务只有具有医护、康复理疗、心理咨询等专业知识和技能的人员才能承担。因此，专业性养老服务人员供需配置的失衡，已不能满足目前我国老年人多样化的养老服务需求。

3.3.3.2 养老服务资源配置结构失衡

第一，养老床位的空置率较高和“一床难求”现象同时并存。一方面，我国现有养老床位空置率较高。中国老龄科学研究中心发布的《中国养老机构发展研究报告》指出，我国各地区的养老机构入住率整体不高，全国养老机构平均空置率高达48%。根据民政部社会福利中心对2015年6月我国养老服务床位统计的数据显示，我国东部地区养老机构平均入住率为52.87%，中部地区养老机构入住率为59.59%，西部地区养老机构入住率为58.46%[①]。另一方面，许多老年人尤其是失能、失智老年人，其对生活照料、医疗、护理等需求较大，能够接收这部分老年人的养老机构较少，数量有限，导致养老机构尤其是医养结合型养老机构出现“一床难求”的困境。

第二，城市与农村养老服务资源均存在供需失衡。一方面，城市人口居住较为集中，交通条件、环境设施等较好，城市床位利用率总体较高。但城市公办养老机构和民办养老机构之间存在着资源供需失衡问题，公办养老服务机构由于享受政府的各种优惠和扶持政策，硬件设施和服务水平较高，拥有更多的养老服务资源。但由于定位不准确，使原本起到收住政府保障对象、失能、困难老年人群等托底作用的公办养老机构服务对象错位，公办养老机构资源实际上被许多经济条件较好的、健康老年人占用，导致许多真正需要政府救济、经济困难的老年人无法入住公办养老机构，城市公办养老机构床位经常满员。而民办养

① 数据来源：李璐．推动养老服务供给侧改革　发展老年健康医疗服务产业［J］．宏观经济管理，2016（7）：49－51.

老服务机构由于规模小，受到的政府支持条件不如公办养老机构，还要与公办养老机构竞争，要么服务质量低，要么收费较高，最终导致其入住率远远不如公办养老机构。另一方面，我国农村养老机构中，农村敬老院占很大比例，这些养老机构主要是为农村“五保”老人设置的，但这些老人居住地较分散，机构建设不可能完全按照实际人头数进行床位设置，结果就出现了有的敬老院空置率高达50%以上，有的农村老年人却无法入住敬老院的现象。且农村地区的养老基础设施建设、医疗卫生条件等都远远不如城市地区，我国城乡养老服务资源分布呈现不均衡状态。

3.3.3.3 养老服务机构市场化发展的政策法规不健全

养老服务机构的市场化、可持续发展，不仅需要多元化的投资主体，还需要一个良好的政策环境、公平的市场竞争机制以及健全的法律法规保障各投资主体的利益，同时还需要政府发挥主导作用，对养老服务市场进行引导、监督和管理。但目前相关的法律法规尚不健全，尽管加大了对民办养老服务机构的政策支持，但出台的相关政策未得到有效落实，与公办养老机构之间在政策扶持方面有较大差异，社会力量投资的养老服务机构在土地、建设、房产等方面的审批条件比公办养老机构更为严苛，使得养老服务机构市场化面临着动力不足的问题，公平、有效的市场竞争环境尚未形成，社会资本参与养老服务的程度不够。且当前政府和市场在养老服务产业方面的权责未明确划分，养老服务机构市场化尚处在初步阶段，各政府职能部门的优势还未充分发挥，在对养老服务产业进行监督管理、统一服务标准、考核和评估等方面的工作机制还没有建立起来，养老服务机构市场化的各方面政策条件和环境还未全面形成。

综上所述，针对当前养老服务市场存在的诸多问题和矛盾，必须进行供给侧结构性改革。在供给侧结构性改革的过程中，对养老服务机构进行政府补贴，一是有利于利用政府补贴增加养老服务机构总供给，支持养老服务床位尤其是医养结合型养老服务床位的供给，促进服务人员的专业教育与职业技能培训，提升养老服务机构专业服务的能力，进而优化养老服务供需结构；二是有利于调整养老服务资源配置结构。通过政府补贴能够引导符合老年人需求的养老服务的生产和基础设施建设，如对医疗护理、康复服务等的政府补贴，促进医养结合型养老服务的生产，同时加强对民办养老服务机构的政府补贴，对养老服务资源在公办和民办养老服务机构之间进行调整和平衡。采取“政府购买”等多样化的政府补贴方式推进养老服务市场化，有利于提升养老服务资源的配置效率，满足老年人多层次的养老服务需求。养老服务的供给侧结构性改革还要求加强政府补贴政策制度的建设，对养老服务机构市场化进行引导、监督和管理，为养老服务机构市场化提供良好的政策环境。

3.4 养老服务业的财政投入与发展状况

3.4.1 全国养老等社会服务业的财政投入

近年来，我国各级政府非常重视对养老产业的投入。财政部网站公布的2014年的相关数据显示，中央财政在吉林等8个省份下拨了24亿元的服务业发展专项资金，用以支持养老服务产业市场化改革。2016年又进一步在全国各省下拨该专项资金69.37亿元[①]。财政部提出，在中央财政资金引导下，改革可采取多种具体方式进行，如地方政府、银行、企业共同出资，设立基金平台，按照按市场化运作的方式，支持养老服务产业发展，具体的养老服务可包括居家养老、集中养老、社区综合服务等多种形式。

从图3.2可以看出，从近年来我国养老服务业各级政府投入持续增加，各项社会服务事业费支出、基本建设投资总额不断上升。同时，各级政府对老年人的补贴范围也在扩大。据相关数据显示，到2016年年底，共有2355.4万人，比2015年增长9.3%；享受护理补贴的老年人

① 资料来源：新华网．中央财政下拨24亿支持8省开展养老服务业试点［EB/OL］．http：//news. xinhuanet. com/fortune/2014－08/22/c_126906301. htm. 以及财政部官方网站：http：//jjs. mof. gov. cn/zxzyzf/fwyfzzj/201607/t20160728_2369669. html.

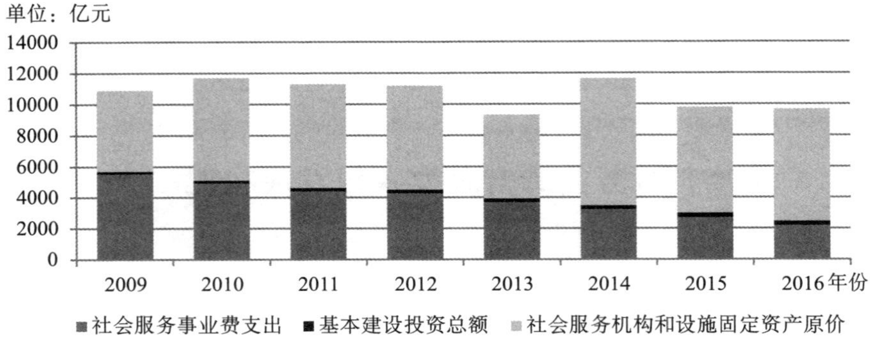

图 3.2　2009～2016 年中国社会服务财政负担基本情况图

注：数据来源于民政部 2017 年公布的《2016 年社会服务发展统计公报》社会服务基本情况。

40.5 万人，比 2015 年增长 52.8%；享受养老服务补贴的老年人 282.9 万人，比 2015 年增长 9.7%①（见图 3.3）。

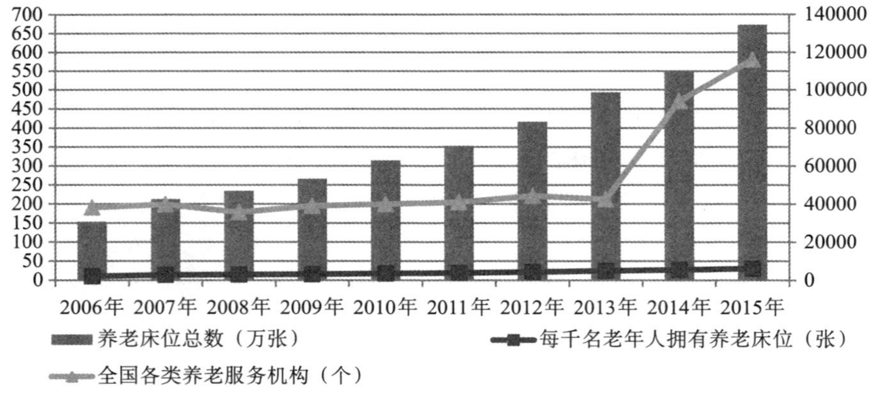

图 3.3　中国养老社会服务机构发展状况图

注：数据来源于民政部《社会服务发展统计公报》（有关各年）。

① 数据来源：根据民政部 2017 年发布的《2016 年社会服务发展统计公报》整理而得。

3.4.2 养老服务机构发展的总体状况

从养老服务机构数量发展情况来看（见图3.3），在社会各界和各级政府的大力推动下，我国的养老服务机构各项指标也得到了迅速发展。从2006~2015年这10年间的发展情况来看，养老服务机构的服务供给能力有了显著提高。

同时，在政府财政的支持下，各类养老服务机构数量都有所增加，养老服务业得到进一步发展。到2016年，全国养老服务机构共有2.8万个，总计680万张养老服务床位，比2015年增加了10.2万张①，这些养老服务机构为满足我国老年人各类需求提供了重要保障。

① 数据来源：根据民政部2017年发布的《2016年社会服务发展统计公报》和2017年国家统计局发布的《2016年国民经济和社会发展统计公报》整理而得。

4. 政府对养老服务机构政府补贴政策的现状与趋势

4.1 养老服务机构政府补贴政策分析

4.1.1 支持社会力量发展养老服务机构的政策分析

“十二五”规划以来，为完善社会养老服务体系，民政部等部门作为养老服务事业的管理机构，制定了养老服务机构的基本规范，出台了一些相关的国家或行业标准，在对机构安全、老年人能力评估等进行全面管理。为进一步推进养老服务机构市场化发展，到2016年为止，全国所有省份都出台了优惠政策，积极支持社会力量参与到养老服务事业中，兴办养老服务机构。不仅从养老服务机构的规划建设、土地供应予以支持，还从政府补贴、税费减免等方面对其进行扶持。部分相关政策文件及内容见表4.1所示。

表4.1　　支持社会力量发展养老服务机构的政策（部分）

发布年份	文件（通知、办法）名称	支持社会力量发展养老服务机构相关的主要规定
2000	《关于加快实现社会福利社会化意见的通知》（参见国办发〔2000〕19号）	1. 对社会福利机构及其提供的福利性服务和兴办的第三产业及单位和个人捐赠支持社会福利事业的，给予税收优惠政策 2. 对社会福利机构使用电话等电信业务给予优惠和优先照顾
2000	《关于对老年服务机构有关税收政策问题的通知》（参见财税〔2000〕97号）	1. 对于社会力量投资兴办的福利性、非营利性的老年服务机构，暂免征收企业所得税 2. 对老年服务机构予以免征自用房产、土地、车船的房产税、城镇土地使用税、车船使用税
2005	《关于支持社会力量兴办社会福利机构的意见》（参见民发〔2005〕170号）	1. 社会办福利机构的建设用地，适当给予优惠 2. 社会办福利机构用电、用水按优惠价格收费，对使用电话等电信业务给予优惠和优先照顾 3. 处在建设阶段的社会办福利机构，按照规模、投资额等，给予相应的资助 4. 对社会办福利机构给予一定的运营补贴
2011	《社会养老服务体系建设规划（2011—2015年）》（参见国办发〔2011〕60号）	1. 采取“民办公助”等形式，给予相应的建设补贴或运营补贴，鼓励民间投资 2. 通过用地保障、信贷支持、补助贴息和政府采购等措施，以多种形式引导和鼓励企业、公益慈善组织及其他社会力量加大投入 3. 采取公建民营、委托管理、购买服务等多种方式，支持社会组织兴办或者运营公益性养老服务机构 4. 探索直接补助或贴息方式，支持民间资本投资养老服务设施

续表

发布年份	文件（通知、办法）名称	支持社会力量发展养老服务机构相关的主要规定
2013	《国务院关于加快发展养老服务业的若干意见》（参见国发〔2013〕35号）	1. 营造平等参与、公平竞争的市场环境 2. 在资本金、场地、人员等方面，降低社会力量举办养老服务机构的门槛，提供便捷服务 3. 鼓励境外资本、个人资本、社会力量投资养老服务业 4. 鼓励民间资本运营公有产权的养老服务设施 5. 通过完善扶持政策，吸引更多民间资本 6. 民间资本和政府筹资参与举办的非营利性养老服务机构享有相同的土地使用政策 7. 境内外资本举办养老服务机构享有同等的税收等优惠政策 8. 推进民办公助，通过选择补助投资、贷款贴息、运营补贴、购买服务等方式，支持社会力量举办养老服务机构
2015	《关于推进医疗卫生与养老服务相结合指导意见的通知》（参见国办发〔2015〕84号）	1. 鼓励社会力量举办医养结合机构以及老年康复、老年护理等专业医疗机构 2. 在相关规划时，要给社会力量留出空间 3. 通过特许经营、公建民营、民办公助等模式，支持社会力量举办非营利性医养结合机构 4. 拓宽市场化融资渠道，加大金融对医养结合领域的支持力度
2016	《关于全面放开养老服务市场提升养老服务质量的若干意见》（参见国办发〔2016〕91号）	1. 放宽外资准入，鼓励境外投资者设立非营利性养老机构 2. 加快推进公办养老机构转制成为企业或开展公建民营 3. 鼓励社会力量通过独资、合资、合作、联营、参股、租赁等方式，参与公办养老机构改革 4. 完善公建民营养老机构管理办法，改革公办养老机构运营方式，鼓励实行服务外包 5. 保障符合条件的企事业单位、个人举办非营利性养老服务的土地使用性质 6. 完善财政支持政策，落实养老机构相关税费优惠政策。

4.1.2 促进“政府购买”养老服务的政策分析

在“政府购买”养老服务方面，也有许多支持政策。党的十八大提出，要改进公共服务的供给方式，加强和创新社会管理。报告明确提出，要加大“政府购买”服务力度，引入更多社会力量到公共服务领域。养老服务属于“政府购买”服务的重要内容之一，为更好地促进“政府购买”养老服务活动，中央政府出台了一系列文件，支持“政府购买”养老服务。部分政策文件见表4.2。

表4.2　　促进“政府购买”养老服务的部分政策文件

发布时间	发布部门	文件（通知、办法）全称	关于“政府购买”养老服务部分政策
2013年9月	国务院	《关于政府向社会力量购买服务的指导意见》	1. 不断强化各级政府向社会购买社会保险、卫生服务等多个领域的社会公共服务的支持力度 2. 在管理体制方面，强调各级政府的社会购买服务须纳入财政预算
2014年9月	财政部、发展和改革委员会、民政部、全国老龄办	《关于做好政府购买养老服务工作的通知》	1. 提出对于社会办养老服务行业，要不断拓宽政府购买的范围，在支持力度上向我国基层与农村地区倾斜 2. 强化政府购买养老服务的管理体制建设，特别是要强化政府购买养老服务管理体制中的组织领导、制度设计等方面的管理工作 3. 提出在政府购买的过程中，要牢牢把握竞争原则与择优原则 4. 加强绩效管理，不断健全与完善政府购买的评估与动态调整机制，提升政府购买的针对性 5. 提倡政府通过购买方式为老龄群体提供便捷服务 6. 将政府购买纳入财政预算管理目录 7. 加强政府购买资金管理工作，提升政府财政资金使用效益 8. 建立健全多元主体参与的政府购买评估机制

续表

发布时间	发布部门	文件（通知、办法）全称	关于“政府购买”养老服务部分政策
2015 年 11 月	国务院办公厅	《关于推进医疗卫生与养老服务相结合指导意见的通知》	1. 继续推进政府购买医养结合的各类社会服务，刺激单位、个人、第三产业等民间服务主体的积极性，不断提升医养结合行业的整体服务水平 2. 不断践行政府购买基本健康养老服务，不断拓宽政府购买社会办医养结合服务的范围，不断丰富政府购买服务的购买内容，以完善多种经营主体平等竞争的市场环境
2016 年 11 月	财政部、中央编制办公室	《关于做好事业单位政府购买服务改革工作的意见》	1. 将当前由我国事业单位承担但更适宜由社会资本进入的行业纳入购买指导性目录 2. 提出 2020 年年底前，要实现所有当前由来自财政拨款的公益二类事业单位提供养老服务转变为政府购买服务 3. 探索配套财政支持体系与服务人员队伍管理制度
2017 年 1 月	民政部、发展和改革委员会、公安部、财政部、全国老龄办等	《关于加快推进养老服务业放管服改革的通知》	1. 放宽养老服务业的准入条件，精简烦琐的审批流程 2. 加大对社会办养老服务行业的支持力度。将政府购买社区老年居家养老服务纳入到指导性目录，整理具体的服务内容，积极支持达到政府购买服务标准的各类社会供应商进入。进一步完善制度、规范流程，鼓励养老机构和服务企业依法设立分支机构，实现连锁化、规模化、品牌化发展。培育和扶持合格供应商进入。进一步完善制度、规范流程，鼓励养老机构和服务企业依法设立分支机构，实现连锁化、规模化、品牌化发展 3. 支持发展利用政府购买服务的方式，委托第三部门定期对社会办养老机构的服务人员队伍、服务设施、日常管理、经营信誉等基本情况展开综合系统的评估，并向社会公布结果

可见，促进“政府购买”养老服务的政策文件，从营造公平的市场环境到组织领导与制度设计，从财政投

入、监督管理到评价体系等方方面面都提出了意见，以全面推广“政府购买”养老服务这一方式，推进养老服务机构市场化。此外，有研究表明（甘炜等，2015），政府的这些补贴政策和行为能显著影响资产规模较小的民间资本的养老机构投资意愿，有利于民间资本对养老机构进行投资，但还是需要注重强化政府监管，进一步推进民间资本养老机构投资的税收优惠政策等是未来较为有效的政策优化方向。

4.1.3 养老服务机构政府补贴政策的解析与启示

从上述政策中可以发现，近年来中央政府高度重视养老服务机构的补贴政策引导和工作部署，这些补贴政策以老年人的养老服务需求为基础，以市场化发展为路径，采取多方面的措施对养老服务机构加以引导和规范，推进我国养老服务体系的完善和发展。从目前的政策来看，主要政策措施和方向可从以下几个方面进行解析：

第一，促进养老服务提供主体的多元化。政府出台的系列政策吸收了包括与老年人医疗服务相关的养老服务提供主体，包括社会福利机构、提供的福利性服务和兴办的第三产业、单位和个人（其支持社会福利事业的捐赠行为）、企业、公益慈善组织、境内投资者以及其他社会力量，等等。此外，政策还强调“政府购买”活动中，各类经营主体要平等的参与。这就几乎将所有社会主体都纳入到了政府补贴养老服务的领域中来，使养老服务提供主体有了全面的拓展，充分发挥了各类社会主体提供养老服务的优势，优化社会养老服务的资源配置，满足了更多老年人多目标、多层次、多元化的养老服务需求。

第二，着力扩大养老服务机构的资金来源渠道。政府的补贴政策不仅大力吸收国内社会、企业、个人资本投资于养老服务机构，还鼓励境外个人资本、社会力量资本、社会福利机构投资于我国的养老服务事业。可见，政府补贴政策在吸收资金方面具有多样化的特征，不排斥任何资金来源渠道、性质和归属，着力将国内外一切可用资金吸收到养老服务机构发展的事业中来，也展现了政府为推进养老服务机构市场化的决心的力度，对于构建良好的市场竞争环境和竞争机制创造有利条件。

第三，全方位的政策措施支持养老服务机构市场化发展。这些政策措施主要表现在几个方面：一是税收优惠政策，如对境内外资本投资的社会福利机构、社会力量兴办养老机构实行企业所得税、房产、土地、车船的房产税、城镇土地使用税、车船使用税等税收优惠政策；二是土地优惠政策，如养老服务机构建设用地优惠、保障符合条件的企事业单位、个人举办非营利性养老服务的土地使用性质等；三是运营期的生活设施费用优惠政策，如对社会福利机构、社会力量投资兴办的养老服务机构用电、用水、电话等电信业务给予优惠和优先照顾；四是财政直接补贴政策，如对社会办福利机构、民间资本投资的非营利性养老服务机构或养老服务设施的建设和运营进行直接补助或贴息方式支持建设；五是金融支持政策，如拓宽市场化融资渠道，加大金融对养老服务机构建设包括医养结合领域等的支持力度。这些措施全方位地为养老服务机构的市场化发展提供直接或者间接的资金支持，为养老服务机构和设施的建设提供保障。

第四，强化政府管理、监督和引导作用。一是强调政府宏观管理和规划的作用，如营造平等参与、公平竞争良好的市场环境，做好养老服务机构规划和建设，加强“政府购买”养老服务的组织工作和制度设计、完善财政支持政策，等等；二是强调政府的财政预算管理和监督作用，如对养老服务机构的补贴资金纳入预算，对购买养老服务的公共服务资金列入预算，从相关支出预算中统筹安排，等等；三是强调政府绩效管理和监督作用，如对养老服务机构的条件进行审核，确定是否符合补贴条件、建立评估机制和调整机制对政府补贴养老服务机构和“政府购买”进行评估和调整、监督管理政府补贴养老服务机构和“政府购买”养老服务资金的使用、对养老服务机构提供的和“政府购买”的养老服务质量进行考核和评价，等等。这些措施凸显了政府在养老服务机构市场化进程中的管理、监督和引导的重要作用，以确保政府财政资金使用的针对性和有效性。

第五，注重将多领域的资源进行整合和优化。这些政策从整体性和系统性层面，从多个领域角度对推进养老服务机构市场化的可用资源进行了引导和规范，如从扶持方式上来看，综合利用财政、金融、土地、税收等领域的优惠扶持政策对养老服务机构市场化进行支持；从地区上来看，城市也对农村地区的养老服务进行大力支持；从参与主体上来看，政府、企业、个人、社会力量均被纳入到养老服务机构市场化进程中来。将各个领域、各类主体的可用资源进行全面整合和优化，最终实现资源的优化配置，全面推进养老服务机构的市场化，应对我国的人口老龄化问题。

可以看出，上述政策支持体现了政府对养老服务机构市场化发展给予了明确的政策导向和制度保障。这些政策的启示主要有：一是养老服务机构的市场化需要多方共同努力，强调市场在养老服务资源中配置的基础性作用，但是政府的监督、管理和引导作用非常重要，我国目前的养老服务市场化程度还不高，政府还需肩负起重大的责任；

二是养老服务机构市场化需要良好的环境，包括竞争环境、政策环境和制度环境，而政府在营造这些环境的过程中占主导地位，需要从整体性、系统性、长远性的角度出发进行顶层设计，设计科学、合理、良性运转的政府补贴机制，才能引导和规范养老服务机构市场化朝着正确的方向发展；三是政府补贴资金和政府购买养老服务的资金属于公共财政资金，政府必须要从整体上把握好资金的投入总额，优化财政资金投入结构，对财政资金的使用进行全面的规划、使用、管理和监督，必须将财政资金的使用纳入预算管理，引入相应的监督、评估机制，以保证财政资金的使用效率，有利于节约财政资源，从整体上增进公共福利，进而增强人民对政府的信任感和满意度。

4.2 各地养老服务机构的政府补贴现状

自“十二五”规划以来，各级财政着重对养老服务体系建设大力支持，民政部的数据显示，到 2013 年，民政部本级福利彩票公益金累计投入了 30.47 亿元，以支持养老服务体系建设。在建设和运营补贴政策方面，大多数省份也都做出了相应努力，出台许多政策和规定，支持体系发展。上海市、广东省等还专门出台了政府购买服务支持政策，提高社会组织参与养老服务体系建设的积极性。在省级专项资金支持方面，如山东省，从 2013 ~2016 年，每年出资高达 10 亿元，用以支持社会养老服务体系建设①。

在政府一系列政策出台的支持下，各地方政府出台了相关政策文件，对本辖区内的养老服务机构的政府补贴政策做出了具体规定，取得了重大成果。

4.2.1 养老服务机构政府补贴的地方性政策

各地方政府为鼓励民间资本投入养老服务领域，制定了许多扶持政策，对民间资金进行引导，取得了良好的效果。据统计，自“十二五”以来，民间资本投资大幅增长，在社会养老服务体系建设中充当了重要角色，累计投资高达230 亿元，极大地推动了养老服务机构的发展。部分地方政府规定的政府补贴政策如下（见表 4.3）。

表 4.3 养老服务机构政府补贴地方性政策

年份	省份/市	政策文件	补贴政策
2011	济南市	《济南市社会力量兴办福利机构资金资助暂行办法》（参见济民发〔2011〕58 号）	1. 已投入运营的养老服务机构，征地立项建设的每张床位资助 3000 元；租赁房屋改扩建的每张床位资助 2000 元；依托医疗机构改扩建的每张床位资助 1000 元 2. 新办养老服务机构，2011 年 1 月后，征地立项建设的每张床位资助 4000 元；租赁房屋改扩建的每张床位资助 3000 元；依托医疗机构改扩建的每张床位资助 1000 元 3. 对社会力量兴办的养老服务机构，每收住一名本市籍老年人，给予每月 60 元的运行生活补贴

① 资料来源：新华网：http：//news. xinhuanet. com/overseas/2013 - 08/21/c_ 125211393. htm.

续表

年份	省份/市	政策文件	补贴政策
2014	江苏省	《关于加快发展养老服务业完善养老服务体系的实施意见》（参见苏政发〔2014〕39号）	1．对符合条件的以自建产权用房举办的养老服务机构，每张护理型床位给予不低于1万元的一次性建设补助 2．对符合条件的以租赁用房举办且租期5年以上的养老服务机构，每张护理型床位给予不低于5000元的一次性改造补助 3．通过贷款贴息、直接融资补贴、融资担保和风险补偿等办法，让更多信贷资金和社会资金投向养老服务业
2014	北京市	《社会力量兴办非营利性社会福利机构运营资助办法的通知》（参见京民福发〔2014〕274号）	1．对非营利性社会福利机构收住生活不能完全自理老年人的，按照每人每月500元予以资助 2．收住生活自理老年人的，按照每人每月300元予以资助。对会员制的社会办养老服务机构收住老年人的，均按照每人每月300元予以资助 3．市财政按照生活不能完全自理老年人每人每月400元、自理老年人每人每月250元的标准负担运营资助 4. 区（县）财政按照生活不能完全自理老年人每人每月100元、自理老年人每人每月50元的标准负担运营资助
2014	吉林省	《吉林省人民政府关于加快养老服务业发展的实施意见》（参见吉政发〔2014〕9号）	1．公办和民办养老机构新增床位省级财政给予一次性建设补贴3000元；农村养老服务大院在国家给予资助的基础上，省级按照1:1配套补贴资金 2．采取以奖代补的方式，按照建筑面积，给予日间照料中心5万～10万元补贴，给予城市社区居家养老服务中心30万～50万元补贴 3．建立贫困居家失能老人护理补贴制度，按照每人每年1200元标准给予补贴，省级财政和地方财政各承担50%；继续实行困难老人入住机构补贴政策

续表

年份	省份/市	政策文件	补贴政策
2014	安徽省	《安徽省社会养老服务体系建设实施办法》	1. 对符合条件的社会办养老机构给予一次性床位建设补助。市、县（市、区）民政部门会同财政部门确定当地的一次性建设补贴标准 2. 已建成并投入运营的社会办养老机构，由当地按照实际入住人数和服务人数给予运营补贴。按照不低于每人每月100元的标准确定，对收住失能失智、低收入老年人的运营补贴，应按不低于20% 上浮补贴标准 3. 社会力量兴办的养老机构，从银行等金融机构贷款用于养老机构建设的，给予贷款贴息补助 4. 政府向社会办养老机构购买农村五保对象、城市“三无”对象、城乡低收入老人养老服务的，给予政府购买服务补助
2015	四川省	《关于四川省2015—2017年养老服务体系建设重点任务安排意见的通知》（参见川办函〔2015〕57号）	1. 公办机构新增床位每张政府平均投资不低于4万元，民办机构新增床位每张政府资金补助平均不低于1.1万元，维修改造公办养老机构床位每张政府资金补助0.5万元 2. 以上三个项目省级财政对市（州）本级和非扩权县按最低标准的50% 给予补助，对扩权县按最低标准的60% 给予补助，其余部分由市（州）、县（市、区）人民政府统筹安排 3. 对城市社区间照料中心建设每个补助30万元、农村社区日间照料中心建设每个补助25万元，省级财政均补助35%，其余部分由市（州）、县（市、区）人民政府统筹安排 4. 对构建居家养老服务支持机制，按照服务对象平均每人每年不低于300元的标准，省级财政按最低标准的35% 给予补助，其余部分由市（州）、县（市、区）人民政府统筹安排。按照国务院规定，各级福彩公益金用于社会养老服务体系建设的比重不得低于50%

续表

年份	省份/市	政策文件	补贴政策
2016	韶关市	韶关市人民政府	1. 以床位为单位，市财政分两期对辖区内新增床位的养老服务机构提供每床3000元的补贴 2. 韶关市市财政及所辖区财政根据收住老人护理等级标准为养老服务机构提供50～100元的运营期补贴
2017	广州市	广州市民政局、财政局	1. 广州市财政给予收住拥有广州市户籍老人15天及以上的养老服务机构财政补贴。每月依据入住老人的健康状况对辖区的公益性养老服务机构提供每人200～500元的补贴① 2. 对拥有房屋自有产权的养老机构新增床位每张床位一次性补贴1.5万元，租赁场地的养老机构新增床位每张床位一次性补贴1万元 3. 对于符合补贴发放标准的医养结合型养老服务机构给予一次性20万元的财政补贴；对于符合补贴发放标准的其余机构给予一次性15万元的财政补贴；对于已接受资助、非医保定点的医养结合型的养老服务机构，在其得到医保定点资格之后，给予一次性5万元的财政补贴

4.2.2 各地养老服务机构政府补贴方法

养老产业是一种较为特殊的产业，具有一定的公益性，该产业的获利周期长，政府必须在制度上进行支持，才能充分利用社会资本。民政部副部长窦玉沛指出，在优惠扶持政策的许多方面，国家都对民间资本进入养老服务业进行了支持。从以上政策分析可以看出，目前政府的补

① 注：收住重度失能老年人（一级护理）的，每人每月补贴300元；收住轻度、中度失能老年人（二级护理）的，每人每月补贴200元；收住能力完好老年人（三级护理）的，每人每月补贴100元。

贴政策以补贴的直接受益者为依据，可以划分为以下两种补贴方法和标准。

4.2.2.1 对养老服务的生产方进行补贴

养老服务生产方主要是各类养老服务机构，财政主要通过以下几种形式进行补贴和支持：

第一，投资、融资环节的贷款利率优惠。如天津市出台了相关优惠政策，如果个人兴办养老服务机构，民政部门规定，将给予贷款担保和贴息。如果符合相关条件，这些机构还可单独申请2万~5万元的小额担保贷款。社会力量办养老服务机构的，如果其经营用房是银行按揭贷款方式付款，在符合条件的情况下，每年可以获得按揭贷款50%的贴息。

第二，土地优惠政策。对养老服务机构建设用地给予一定的政策倾斜，按照行政划拨价格、土地低价转让、土地价格补偿、土地使用税等优惠等方式，在机构的建设期进行补贴。

第三，按照床位数进行补贴。政府相关部门首先出台相关的床位补助标准，符合条件则按照该标准进行补贴。例如，对于社会力量建设的养老床位，北京市民政部给予相应的补贴，金额为每张床位4万~5万元。

第四，按照入住老年人数进行补贴。例如，河北省对养老服务机构收住老年人进行补贴方式就按照收住老年人的数量计算，每收住一名老年人，补贴600元给养老机构。

第五，税式支出。如江西省地方税务局在税收优惠方面出台了相关规定，在营业税方面，对养老服务机构提供的养老服务实行免税政策；在房产税、城镇土地使用税方面，如果是非营利性养老服务机构，则免征税收。

4.2.2.2 对养老服务需求方进行补贴

养老服务的需求方是指所有对有养老服务需求的老年人。对需求方的补贴方法和标准，需要根据老年人的个体特征、身体状况以及自身的支付能力进行确定。例如，民政部办公厅在2016年8月对老年人补贴制度情况进行了公布，相关资料显示，在高龄津贴补贴方面，则有26个省（区、市）出台了相应政策；在养老服务补贴方面，出台相关政策的共20个省（区、市）；在护理补贴方面，有17个省（区、市）出台了政策。针对80岁以上的本地户籍老人，许多省份还发放营养费。也有根据老年人身体状况按照不同标准进行补贴的，如天津市的居家养老服务补贴，就是按照老年人的失能程度进行补贴，具体的标准为：失能程度为轻度，则每人每月150元；失能程度为中度，则每人每月200元；失能程度为重度，则每人每月400元①。对其他老年群体而言，有一定的经济条件和支付能力，可根据特定的条件和需求进行不同标准的补贴。

政府补贴可以按照直补供方的方式进行，也可以按照直补需方的方式。但是不同的补贴方法，在经济和社会方面引起的效应是有差异的。对供方即养老服务机构的补贴，可促进养老服务机构的建立和发展，但由于投资者的利润最大化倾向的影响，可能造成养老服务机构运营的低效益。对需方即老年群体的补贴，使得老年人可根据自己的实际需求自主选择养老服务机构和服务方式，这样更加有利于促进养老服务机构之间的竞争，改善养老服务质量，促进资源有效利用，推进养老服务机构的市场化

① 资料来源：民政部办公厅《关于在全国省级层面建立老年人补贴制度情况的通报》（民办函〔2016〕280号）。中央政府门户网站：www.gov.cn。

运营。

4.2.3 养老服务机构政府补贴的环节与标准

4.2.3.1 “公建民营”“民办公助”养老服务机构政府补贴的环节与标准

目前，政府对养老服务机构的补贴并不是一个固定的、统一的额度，如果养老服务机构的类型不同，那么将获得不同的补贴额度。表 4.4 是 2014 年我国部分一线城市对“公建民营”型、“民办公助”型养老机构实施的补贴情况。

表 4.4　2016 年部分一线、二线城市养老机构补贴政策情况表

省份	公建民营型建设补贴（元/床）	民办公助型建设补贴（元/床）	养老机构运营补贴（元/人・月）
北京	—	20000 ~ 25000	300 ~ 500
上海	10000 ~ 20000	10000 ~ 20000	30 ~ 100
广州	2000 ~ 3000	2000 ~ 3000	—
天津	—	6000 ~ 15000	85.83 ~ 187.5
重庆	—	1000 ~ 4000	—
南京	—	6000 ~ 20000	30 ~ 200
成都	5000	10000	100
西安	5000	3000	—

数据来源：根据有关各直辖市和计划单列市民政局、财政局官方文件公布数据（2016 年）综合整理而得。

从表 4.4 可以看出，在建设期，不同市场化形式的养老服务机构补贴环节和标准各有差异。对于“公建民营”型养老服务机构，其建安成本一般按照 50% ~75% 的标准给予补贴，但由于财政能力的限制，一般设定了补贴标准的上限。如上海市 2012 年出台政策，对政府投资新建的养老服务机构，每张养老床位按照核定建设成本的 75%进行补助，资金由市级拨出，但对该比例的最终结果设定了 12 万元最高上限，即最多补助 12 万元[①]。对于“民办公助”型养老服务机构，一般按照机构建设床位数，结合地方经济发展状况及地方财政能力，给予一次性床位补贴费，如 2014 年北京市民政部门在土地、资金、税费等方面出台了 3 项新政，其中一项规定，对社会力量建设的养老床位，每张将补助 4 万 ~5 万元。

政府补贴一般分为两个阶段：一是在养老服务机构的建设期补贴；二是在运营期进行补贴。近年来全国各省市的民政部门、财政部门均出台了一系列支持措施，对养老服务机构的建设与运营给予了巨大的财政资金支持（见表 4.5）。

表 4.5　2016 年我国各省份（城市）养老服务机构补贴情况表

省份（城市）	建设期补贴（元/床）	运营期补贴	2015 年各省份老年人口抚养比（%）
青海	5000	每人 30 元	0.197
广东	2000 ~ 3000	—	0.196
重庆	1000 ~ 4000	—	0.187
四川	5000 ~ 10000	（成都市）每人 100 元	0.182
西藏	—	—	0.181
江苏	1000 ~ 20000	运营补贴 30 ~ 200 元	0.172
辽宁（大连）	6000 ~ 10000	每人 200 ~ 400 元	0.168
上海市	10000 ~ 20000	（杨浦区）每人 30 ~ 100 元	0.165
山东	2000 ~ 8000 元	每人 30 ~ 60 元	0.162

① 资料来源：上海市民政发布的《关于推进本市“十二五”期间养老服务机构建设的若干意见》。

续表

省份（城市）	建设期补贴（元/床）	运营期补贴	2015 年各省份老年人口抚养比（%）
湖南（长沙）	5000 ~ 10000	每床 160 元	0.16
安徽	2000	每人 100 ~ 120 元	0.157
湖北	500 ~ 1000	每人 50 ~ 75 元	0.153
浙江	3000 ~ 8000	（杭州市）每人 100 ~ 250 元	0.149
广西（柳州）	1200	—	0.144
河北	4000	每人 100 元	0.142
吉林	3000	（大庆市）每床 100 元	0.142
河南（郑州）	2000 ~ 3000	每床 200 元	0.142
贵州	3000	不少于 200 元	0.139
陕西	2000 ~ 3000	—	0.139
黑龙江	2000	每床每月 100 元	0.138
北京	40000 ~ 50000	每人 300 ~ 500 元	0.135
江西	1000 ~ 2000	每人 100 元	0.13
天津	6000 ~ 15000	每床 87.5 ~ 187.5 元	0.129
甘肃	4000 ~ 10000	—	0.127
内蒙古	6000	每床 100 ~ 300 元	0.124
福建	2500 ~ 5000	每床不低于 83.3 元	0.123
山西	1000	每床 100 元	0.121
海南	1500 ~ 2500	每人 50 元	0.118
云南	5000 ~ 10000	（昆明市）每月 50 元	0.116
宁夏	5000	每床 100 元	0.102
新疆	2500 ~ 5000	每人 100 元	0.1

注：老年抚养比是指总的人口中非劳动年龄人口数中老年部分的数量占劳动年龄人口数的比例，用以表明每 100 名劳动年龄人口要负担多少名老年人。

数据来源：根据 2016 年全国各省（城市）民政局、财政局公布的正式统计文件及当年国家统计局公布的《国家统计年鉴》整理得出。

从表 4.5 中可以看出，我国许多城市地区都对养老服务机构的建设期和运营期实施了相应的补贴政策。不论是在建设期还是运营期，许多省份的补贴额度都有一个浮动区间。其补贴额度的大小，既和机构的建设性质有关，也和养老机构的建设方式有关。例如，在性质方面，如果该机构是非营利性养老机构，并且是社会力量投资的，不论是新建还是购置建设，只要形成产权，天津市就按照床位数量，每张床位一次性补贴 15000 元；如果该机构是非营利性养老机构，同样由社会力量投资改建和扩建，则按照每张床位 6000 元给予一次性的建设补贴。

在运营补贴方面，为促进各类养老服务机构的共同发展，目前偏向于对各类型养老服务机构采取一视同仁的补贴标准，以入住老年人的数量、身体状况或者养老机构的级别等，每月对养老服务机构进行服务费补贴。如 2016 年山东省济南市对社会办养老服务机构进行日常运营补助，根据老人的身体状况，收费标准分为 7 个等级。收费标准主要包括床位费、护理费、饮食费三大项。在床位费中，多人间为 50 元/天，标准间为 90 元/天，而单人间为 180 元/天，目前开放营业的都是多人间。护理费则根据老人的身体状况进行评级，从介助三级到特级共 7 级，其中，最低的是介助三级为 1500 元/月，每一级别收费提高 500 元，而特级则根据老人的具体情况，需要 5000 + 元/月。饮食费为每月 750 元，点餐需另外收费①。浙江省杭州市则按照养老机构的级别进行补助，补助对象为杭州市主城区养老机构，星级不同，其补助标准也不一样，按照每人每月的标准来计算，如果养老机构是五星级则补助 200 元，如果是四星级则补助 150 元，如果是三星级则补

① 数据来源：网易新闻．失智失能老人入住，每月最低 3750 元．失智失能老人入住，每月最低 3750 元．http：//news. 163. com/16/0329/14/BJB45OS100014Q4P. html.

助100元。其中，如果收住了失能、失智老年人，则每人每月再增加50元。体现了现行补贴政策灵活性的特点。

尽管各地政府对养老服务机构制定了多项补贴措施，但从实际调查和运行情况来看，受到各地经济发展以及财政能力的限制，在政策的执行和运行过程中，也存在问题，如政策执行效果不达标，补贴标准的确定不合理，补贴的环节设计的科学性有待提升等问题，一个完善的养老服务机构的政府补贴机制至今尚未形成，这有待于各方的努力。

4.2.3.2 “政府购买”养老服务的环节与标准

在养老服务体系中，居家养老服务最先开始实行“政府购买”，如上海市静安区、宁波市海曙区等。这些地方经济发达，实行购买居家养老服务政策也比较早，除了直接补助养老服务机构，还实行代金券、服务券等形式，支持政府购买服务，这种“政府购买”养老服务的模式取得了一定的成效，并积累了许多成功的经验。

例如，宁波市海曙区在2005年已经开始推广“政府购买服务”模式，主要内容包括；一是确定提供养老服务的机构，经过严格的筛选和审核之后，确定了海曙区星光敬老协会为承接主体，该协会是一个非营利组织，能够保证养老服务价格的公平性；二是购买资金额度，政府每年预算支出150万元，购买居家养老服务，具体到人计算，每名符合条件的老人约2000元；三是确定购买标准，每位老人每天可以免费享受1小时的养老服务；四是招募服务人员，服务由各社区提供，服务人员队伍主要由各社区的下岗、失业和困难人员组成，服务人员上岗前，必须到星光敬老协会报到，并进行相应培训，合格方可上岗，以保障服务质量；五是确定服务对象，可以免费享受规定标准服务的主要是辖区内的高龄、独居困难老人；六是提供服务的内容，包括老年人最基本的养老服务需求，如生活照料、医疗康复、精神慰藉等。为全面满足老年人需求，还可以购买额外的服务，但是这些服务需要老年人自行付费，或由志愿者上门提供，或由企业捐助。在这整个过程中，星光敬老协会和各社区担负起监督责任，全面保证各项养老服务的质量①。

又如，长沙市也对“政府购买”方式进行了探索。在2009年出台了相关政策进行养老服务的“政府购买”，规定享受服务的对象包括以下几大类：一是对本市户籍且住市内五区年满70周岁以上的“三无”老人；二是虽然年龄不到70周岁以上，但超过了60周岁，且日常生活需要护理的老人。这些老年人都可申请享受“政府购买”服务，申请额度为每月200～300元。还有其他符合条件的残疾、低保、空巢高龄老人等，也可申请享受政府补贴服务，额度为每月100～200元。对于这些人员，在享受“政府购买”养老服务之前，先评估其服务需求，再根据评估结果发放一定数量的服务券，老人凭服务券进行消费，可购买日常生活照料等服务内容，既可以要求上门服务，也可以根据需要选择日托服务（见图4.1）。

政府通过“公建民营”“民办公助”“政府购买”等多种方式，促进养老服务机构市场化发展，收效良好。养老服务机构在近几年呈增加趋势。根据《2015—2020年中国养老院机构市场监测及投资战略研究报告》显示，城市和农村的养老服务机构在近年来都得到了发展，如图4.1所示。

① 数据来源：吴玉霞．政府购买居家养老服务的政策研究——以宁波市海曙区为例［J］．中共浙江省委党校学报，2007（2）：51－57.

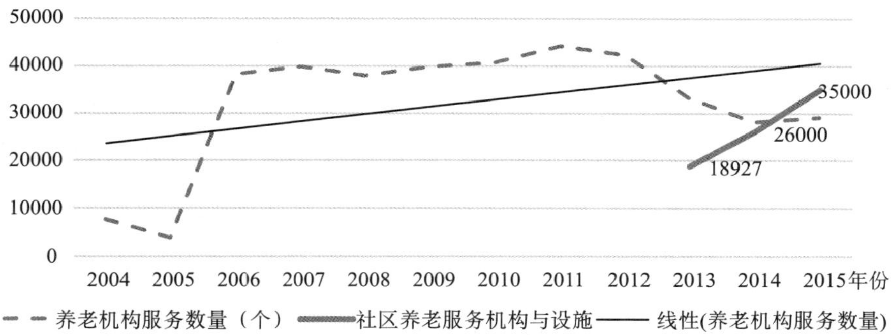

图 4.1　城市和农村的养老服务机构发展情况

注：在 2004 ~ 2015 年对养老机构发展情况统计中，民政部 2013 年及以后公报《社会服务发展统计公报》中的养老机构服务数量不包括社区养老服务机构与设施，后者另起统计。

从图 4.1 中可以看出，我国养老机构的个数有所增长，总体上的床位建设也在增加，但总体上还存在地区发展不平衡，尤其是我国农村地区，养老服务机构总量不足，但农村老年人的养老服务需求也很大，但养老服务机构数量偏少，床位也严重缺乏。不能满足养老需求。同时，由于城乡二元经济结构，农村经济欠发达，农民收入远远落后于城市居民收入，农村老年人购买养老服务的能力相比城市居民来说，明显偏低，农村民办养老机构的发展远远比不上城市地区①。

① 廖楚晖，冯丽坤．农村养老服务机构发展现状问题及财政政策研究［J］．预算管理与会计，2014（12）：27－29.

4.3 政府补贴及其对市场参与机构养老服务意愿的影响

产业的发展既受到供给的影响，也受制于需求。需求量是由消费者意愿以及能够承担的、具有购买力的商品数量决定的。政府促进养老服务机构发展方面投入诸多财力、人力等资源，以调动社会力量参与到养老事业中来，促使养老服务在一定的价格水平下进行提供。但作为养老事业最重要的参与主体，老年消费者需求将逐渐成为养老服务产业发展中的一个重要因素。一方面，受到传统“养儿防老”的思想、生活习惯等一系列因素的影响，对机构养老的意愿可能不足；另一方面，受经济能力的限制，居民能够购买的养老服务有限。因此，结合本书的调查研究（见表4.6），政府的补贴政策是否对居民和市场参与的机构养老服务意愿产生影响以及从哪些途径对老年人的意愿产生影响则是政府补贴政策制定和执行过程中需要考虑的一个重点问题。

4.3.1 政府补贴与居民参与机构养老意愿的关系分析

在养老机构市场化进程中，居民养老意愿和养老服务机构是养老服务市场中的需求和供给的两个方面因素。鼓励居民在年老后入住养老服务机构的前提是培育良好的养老机构服务市场体系，以提供优质的养老服务（廖楚晖

表 4.6　本书前期对于政府补贴与城乡居民机构养老意愿的调查分析

调查研究内容	本书公开发表文献	调查范围	主要结论
1. 不同城乡居民群体入住养老机构意愿	于凌云、廖楚晖（2015）	抽取邯郸、武汉、广州、南京以及兰州5个城市市区抽取两个区和两个县区的2个社区	1. 较之于华北和西部地区，华南地区样本显示出相对较高的机构养老意愿 2. 城乡不同群体，其机构养老意愿明显不同 3. 不论参保与否，家庭中子女越多，机构养老意愿越低
2. 政府行为影响城镇居民机构养老意愿	廖楚晖（2014）	成都、武汉、西安、广州、青岛、杭州6个副省级城市社区居民进行抽样调查	1. 养老服务补贴对机构服务监管、社会支持的政策引导、居民机构养老意愿均存在显著正向影响 2. 服务监管对社会支持的政策引导、居民机构养老意愿均存在显著正向影响 3. 机构服务监管在养老制度运行与社会支持的政策引导之间起到部分作用
3. 政府行为对民间资本养老机构投资意愿的影响	甘炜等（2015）	武汉、邯郸、广州、西安、南京5个城市民间资本的调查	1. 政府补贴行为能显著影响资产规模较小的民间资本的养老机构投资意愿 2. 政府补贴对资产规模较大的民间资本的投资意愿则无显著影响 3. 政府行为评价指数的提升能够显著提高民间资本的养老机构投资意愿

2014）。在这一过程中，政府补贴与居民机构养老意愿的关系便成为养老服务市场得以正常运行的主要决定因素。中国老龄科学研究中心对政府的扶持保护政策效果进行了分析，结果表明，在调动社会力量参与养老服务事业，推进社会福利社会化进程中，政府扶持是最为关键的因素。

结合相关国内文献研究和本书关于城乡调查研究

（见表4.6调查研究内容1和表4.7）可以看出，尽管研究的角度不同，研究的地区也各有差异，但从总体上来看，城乡居民机构养老的意愿都与收入条件的差别有关，受到城乡不同财政和家庭经济能力的限制。因此，经济因素是影响城乡居民机构养老意愿的重要因素，而养老服务机构的收费标准依然是目前影响人们对机构养老满意度的首要因素。

表4.7　　影响老年人选择机构养老意愿因素

论文（CSSCI期刊）	影响因素
褚湜婧、孙鹃娟（2010）	受教育程度、经济条件、健康状况、拥有女儿数量、婚姻状况等
姜向群、丁志宏（2011）	经济条件、受教育程度、职业状况、年龄、户籍性质和家庭结构等
李含伟、陈晔	养老服务机构收费标准、周边环境情况、服务态度等
李敏（2014）	年龄、性别、文化程度、婚姻状况、月收入等
于凌云、廖楚晖（2015）	年龄、性别、户籍、婚姻状况、家庭子女、家庭经济条件、生活自理能力、亲友探访频率等
刘一伟（2017）	年龄、婚姻状况、养老保险金、子女个数、生育意愿、家庭结构等
王桥、张展新（2018）	年龄、性别、家庭子女数量、职业状况、家庭收入条件等

一般而言，职业、月收入和教育程度之间存在着很大的关联，在知识经济时代，较高的教育水平可能在获得好的职业方面有着更多机会，这些职业可能意味着较高的收入，有研究表明（杨晓龙、李彦，2013），年龄、职业、教育程度这三个因素显著影响了老年人机构养老意愿，在教育水平高的老年人群体中，按照比例进行计算，其选择养老服务机构的意愿将会有很大提高。

当然，影响养老机构入住意愿的还有家庭收入因素。

有研究表明（肖云等，2012），家庭经济条件好，收入高是高龄老人入住养老服务机构的家庭或个人的经济基础，增加了老人选择养老方式的机会，进而可能有更多的老人选择机构养老。此外，服务质量与设施配备对机构养老的发展尤其重要，服务质量和设施配备是衡量养老服务机构发展水平的两项关键指标。高龄老人的养老服务机构入住意愿受到机构发展水平的影响，两者之间呈正相关关系，也就是说，高龄老人更愿意选择发展水平高的养老服务机构。这意味着政府要推动机构养老发展必须要提高服务质量和配备优良设施。因此，政府补贴对居民的机构养老意愿有极大的正相关关系。

4.3.2 政府补贴对居民机构养老意愿的影响机制分析

结合前面相关国内文献研究和本书关于城乡调查研究（见表4.6调查研究内容2）可以看出，政府补贴对居民机构养老意愿有着很大影响从而影响到政府补贴机制的运行。

4.3.2.1 政府补贴与老年人对机构养老的满意度

老年人选择入住养老服务机构的意愿还在一定程度上受到其他因素的影响，如收费标准、基础设施、服务质量等，政府补贴在一定程度上能够提高基础设施建设的质量（廖楚晖，2014），同时也使得老年人购买服务的能力增加，养老服务机构之间的竞争也能促使其提升服务质量，进而提高老年人的满意度。

第一，在“公建民营”发展模式中，政府在建设期直接投资兴建养老服务机构，交由民间力量进行运营，在收费标准方面，进行合理的管理，规定或限制其价格，使得老年人能够有能力入住养老服务机构，激发老年人对机构养老的需求，同时为失能、低保等养老能力较低的老年人提供一定的养老保障。

第二，在“民办公助”发展模式中，政府在建设期、运营期给予巨大的政策优惠和财力支持，调动社会力量参与养老服务事业，拓宽了其资金来源，同时降低养老机构的建设成本，在基础设施建设方面能够得到更多资金投入，在后期的运营过程中，其费用负担减轻，为民办养老服务机构提供良好的市场竞争环境。民办养老服务机构在市场竞争中不断改善服务质量，以相对合理的价格提供养老服务及产品，增加老年人的养老满意度和入住养老服务机构的意愿。

第三，政府采取“购买养老服务”的方式，对个人直接进行政府补贴，使得老年人拥有更多自主选择的权利，可以根据自身需求和意愿选择养老服务。同时，政府购买养老服务促进各类养老服务机构之间的市场竞争，将有利于在竞争的作用下提高它们的养老服务质量，增加老年人的养老服务满意度。

4.3.2.2 政府补贴对老年人购买力的影响

居民机构养老的意愿与收入条件直接相关。政府将养老服务券、补贴直接发到老年人手里，老年人在购买养老服务时，能够直接减少其个人支出，进而减轻了老年人的个人经济负担，购买能力增强，使得更多的老年人有能力享受到养老服务，免去后顾之忧。同时，政府对养老服务券使用途径的限制，使得老年人不得将政府补贴用于其他用途，从一定程度上促进了老年人对养老服务的消费，从这个意义上来讲可以直接增强其机构养老的意愿。

4.3.2.3 政府补贴提升居民对养老服务机构的信任感

政府政策的导向正在引起越来越多居民的关注。对养老服务机构的补贴，是我国政府发展养老服务业的政策导向的表现之一，向公民传达政府重视扶持养老服务机构的态度。在这个过程中向公众提供一种可信任感信号，使得居民对养老服务机构的信任感增加。同时，政府制定的监管、规制措施等，对养老服务机构的运行起到了一定的作用，使得居民入住养老服务机构过程中的权益和诉求有了一定的保障，当老年人自身权益受到侵犯时有相应的保障措施。这在一定程度上，能够减少居民对入住养老服务机构不安全感的担忧，从而增强其入住养老服务机构的意愿。

4.3.2.4 政府补贴与机构养老意愿的互动关系

许多研究如柳键、舒斯亮（2013）认为，老年人对机构养老服务的需求越多，政府越可能站在老年人的角度为其养老效益考虑，将会在未来的发展目标中重视养老服务机构的发展，可能提高补贴的额度，以此增加财政资金支出效益；对于民办养老服务机构来说，政府增加对其的政府补贴，可以直接降低其建设成本和运营成本，这样就相当于减轻了其负担，让其有机会降低服务价格，将更多的老年人吸引过来，参与到购买养老服务这一福利政策之中，由此形成养老服务生产的规模效应，可增加民办养老服务机构的收益。

此外，相对于养老服务政策而言，政府支付居民养老金、养老券、兴办或资助养老服务机构以及直接颁布相应的法规等都是养老制度直接运行的体现，直接影响居民机构养老意愿。政府直接出资兴建、资助私人建立养老院等方式，对老年人社区照顾服务和援助具有直接影响，而政府对养老服务体系的监管、采取政策导向引导全社会支持养老服务业同样能对调动市场和社会参与养老服务上起到核心作用。此外，政府政策行为具有价值取向，而养老服务政策行为的价值取向是居民的养老服务消费利益，因此对居民机构养老意愿也可能有引导作用。

4.3.3　政府补贴行为对民间资本养老机构投资意愿的影响

相对于养老服务政策而言，政府支付居民养老金和养老券用于养老服务购买、兴办或资助养老机构以及直接颁布相应的法规等都是养老制度直接运行的体现，能直接影响到参与居民机构养老的意愿。关于这一点，Campbell、Ikegami 和 Gibson（2010）的文献研究指出，政府直接出资兴建、资助私人建立养老院等方式，对老年人社区照顾服务和援助具有直接影响，而政府对养老服务体系的监管、采取政策导向引导全社会支持养老服务业同样能对调动市场和社会参与养老服务上起到核心作用。此外，胡象明（2000）的研究结论表明，政府政策行为具有价值取向，而养老服务政策行为的价值取向是居民的养老服务消费利益，因此对参与养老机构服务事业意愿也可能有引导作用。

据此，结合相关国内文献研究结论和本书关于城乡调查研究，我们认为，在政府推进养老机构市场化并进行补贴的过程中，市场各类投资或经营主体主要关注两个方面因素：一是投资或经营养老机构的自身成本问题；二是政府能够给养老机构带来多少财政补贴。这两个因素直接关系到养老机构运行的盈亏问题，而不大关心对于社会支持如民间自愿提供服务项目、社会捐赠以及精神关爱等不利于核算成本的一些因素。

而从政府补贴行为与民间资本的养老机构投资意愿之间的关系分析来看（参见本书调查结果表 4.6 调查研究内容 3)，政府补贴行为评价指数的提升虽然能够显著提高民间资本的养老机构投资意愿，但政府行为能显著影响资产规模较小的民间资本的养老机构投资意愿，但对资产规模较大的民间资本的投资意愿则无显著影响。事实上，我国民间资本量大，但大多规模较小而分散，因而通过政府对养老机构的补贴引导机制更容易突出政府补贴行为对市场养老机构投资的重要影响，同时也表明，当前我国政策环境是有利于民间资本对养老机构进行投资的。另外，通过政府行为机制，能够为我国制定民间资本的养老机构投资政策提供一些依据，如加强政府监管力度，进一步推进民间资本养老机构投资的财政补贴和税式支出等是未来较为有效的政策优化方向。

5. 政府补贴养老机构机理与市场参与意愿及实证分析

与其他产业一样，养老服务业的发展需要关注供给两个方面的状况。党的十九大进一步提出了推进和完善公共服务均等化的发展目标，这给正面临老年人口迅速增长和养老服务有效供给不足矛盾的现实提供了政策指引方向。本章基于公共经济学理论，将分析政府补贴养老机构的机理，提供最基本的分析和验证假设基础，并对市场主体参与养老机构以及老年群体愿意参与何种政府补贴性质养老机构的意愿进行实证研究。

5.1 养老机构政府补贴的机理及其对市场供求关系的影响

如果将养老机构服务领域看作一个市场，那么依据养老服务所具有的公共品属性来看，需求方为所有愿意入住养老机构的老年群体，而供给方则是市场参与主体，其中，政府补贴政策的目的是实现公共效用最大化；市场参与投资运营的主体的目的是其营利性问题，而入住养老机构的老年消费者关注的是其养老服务个人消费效用的最大化问题。

5.1.1 养老机构市场化政府补贴的影响机理及效应

5.1.1.1 养老机构政府补贴的影响机理

政府补贴，即财政补贴（包括税式支出），属于一种财政转移性支出。从性质上看，政府支付财政补贴是无偿的，而从被补贴者角度来看，将意味着被补贴者（企业）实际收入的增加，同时当期的财务状况较会有所改善。

依据经济学基本原理，财政补贴总是与产品（或服务）的相对价格变动联系在一起，是一种无偿性支出。因此，这种政府补贴（或者通过税式支出的形式间接进行了财政补贴）具有改变市场资源配置结构、供给结构以及需求结构的作用。在市场化过程中，一种产品（或服务）在没有全面市场化时，政府为了改变其资源配置状况和推进该产品（或服务）全面市场化，逐步实现自负盈亏，常常把政府补贴定义为一种价格，影响该产品（或服务）相对价格结构，从而可以改变市场的供给结构和需求结构。

在推进我国养老服务市场化的过程中，受到传统家庭养老传统和养老机构供给不足的影响，我国政府对养老机构的财政补贴逐渐加大，旨在改变当前我国养老市场供给和需求不足的矛盾。

5.1.1.2 养老机构政府补贴的效应

财政补贴一般具有扩大购买力、促进消费、带动投资、增强企业出口竞争力以及拉动经济增长等效应。当代公共经济理论和实践进一步表明，在社会保障等公共服务领域，实行政府补贴直接影响储蓄率，从而会改变一国居民的消费结构。

不言而喻，在我国社会公共服务体系中，养老机构市场化过程中的政府补贴，将具有两个方面的直接作用：一方面，中国是一个高储蓄的国家，大部分的原因是国家保障制度不健全和居民收入水平比较低，通过养老保险等制度形成财政补贴，由于不是居民自己直接赚取的收入，有可能使得居民更愿意用于消费；另一方面，在推进养老机构市场化过程中，依据市场运行的营利性原则，市场投资主体的参与前提是无论是否有政府补贴，其投资经营不能亏损。因此，在政府前期补贴的引导下，在充分考虑养老服务消费的基础上，市场投资主体可能会参与到养老服务的市场化过程中来，直至他们在没有政府补贴的情形下实现盈利，从而实现养老服务机构的完全市场化。

5.1.2 养老服务产品的政府有效提供

新近的公共经济理论（C. V. 布朗等，2000）与我国对公共服务均等化的完善过程表明，养老产品及其服务是具有正外部性的公共产品。但无论从养老服务的性质还是实现途径来看，养老机构的提供均具有混合产品的性质，政府应依据其公共效率标准进行提供。

图 5.1 代表有正外部性养老服务产品的政府提供情况，其中，P 为该产品的价格；Q 为提供数量。假定直线 AB 和直线 CD 的距离表示单位公共品的正外部效益；FE 为该产品的边际成本线，同时假定这一成本等于平均成本以及产品的价格并保持相对不变。图 1 中可以看出，如果该产品具有正向的外部性，那么市场购买者消费的边际效用曲线 JI 就会与社会边际效用曲线 HG 分离。

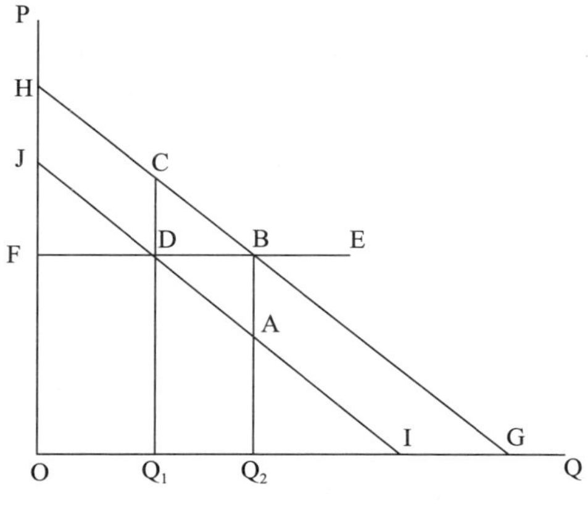

图 5.1 养老服务的提供方式的效率比较图

从养老服务产品的消费者效用角度来看，当消费者选择购买 OQ_1 的消费量时，边际效益将等于产品价格，从而私人净收益为 JFD，社会的公共净收益为 HFDC，两者的差额 HJDC 即为该产品的正外部效益。但依据经济学原理，当公共产品的社会边际效益等于该产品的社会边际成本，此时产品的最佳消费量应为直线 OQ_2，而社会从产品消费中所得到的净效益为 HFB，这样，购买者的净收益保持了不变，而社会净效益却增加了 CDB，CDB 体现了市场提供产品效益的正向外溢效应。然而，由于市场价格仅能体现该产品的内部效益，而不能体现其全部效益，因此这一价格引起的公共资源配置就会形成供给不足。当产品的价格为 OF 时，所引起的消费者的消费为 OQ_1时，该公共品消费的边际效用将大于该产品价格以及边际成本的状况，消费者的消费中还没有获得最大的满足而形成效率损失。倘若这时采用政府完全提供方式，则结果将会是一种反面效应，从而使得消费者的过度消费形成浪费。

因此，根据经济学最佳产量上产品的外部效益原理，政府应对购买者进行补贴，从而就形成了一种混合属性的产品，以鼓励消费者扩大购买量，扩大社会净收益。这样，如果政府对消费者进行每单位产品 AB 的财政补贴，消费者边际效用线将移到 HG，与边际成本曲线 FE 交叉于 B，同时以相同价格购买消费量 OQ_2，社会净收益将由 HFCD 增加到 HFB，净增加值为 BCD，消费者利益和社会利益均可实现收益最大化。

当前根据我国面临人口老年化和养老服务供给不足的发展阶段，党的十九大进一步确定了完善公共服务均等化的方向。依据上述理论分析和当前的发展实际，为了推进养老服务全面市场化，政府有必要进行经济干预，进一步实行、完善财政补贴机制，鼓励市场参与到养老机构的建设和发展中来。然而，财政对于某一项公共项目或公共服务的支出需要受到预算约束的影响，这正是需要在政府基础性财政预算的基础上需要考虑的问题，如需要投入多少财政资金对市场进行引导、市场参与程度如何以及效果如何，等等。

5.1.3 政府补贴对市场参与养老机构投资经营的影响

按照经济学理论，政府补贴是一种公共支出行为，其政策安排需要遵循公共效用最大化原则来引导市场投资和经营主体参与到养老服务业中来。这些政策除了直接的财政支出和税式支出（税收优惠）之外，其他政策环境如通过发放社会统筹养老金的政策、与民政等部门的政策协调以及其他养老服务体系的政策等都会影响到公共资源的配置效应，这是市场投资或经营主体参与不会忽略的投资经营环境问题。

养老服务产业的政府补贴，可以被看作是一种政府对该领域的公共性投资。除了 Barro（1981 等）经典的内生增长理论，Vergara（2010）、潘彬、徐选华（2006）等也认为，在发展中国家，公共资本进入到生产性部门，因降低了筹资成本从而刺激了私人投资的力度，并且优惠的税率或者税收优惠政策，能降低私人部门的经营成本，对于私人部门投资起到了极大的促进作用。

虽然成本是市场主体参与投资和经营养老机构的核心问题，在进行投资或经营的决策时，市场投资或经营主体首先会考虑到公共服务政策所制定的各种服务标准所带来的成本问题。如 Shleifer & Vishny（1994）的研究指出，政府通过直接的政治控制和监管，使得私人部门企业现金流减少而带来财务成本的增加。高晓路（2013）的研究表明，社区的老年人对服务标准和收费的服务偏好呈现出明显的空间差别。杨芷晴等（2016）指出，政府通过行政收费，质量监管等方式对企业绩效产生显著的负面影响。在政府管制标准的约束下，养老机构建设标准、人员配备和服务标准、养老机构建设与运营管理等，这些标准均与养老机构投资和运营的成本直接相关，也直接影响到市场投资或经营主体的投资意愿。

政府如果能提供良好的机构养老服务，建立标准，也能促进养老消费者的养老机构入住意愿，形成市场需求，也能刺激市场投资或经营主体参与到养老机构服务市场中来。Chevreul & Berg（2013）认为，由于当时法国面临长期养老护理需求服务即 LTC 的增加，公共的 LTC 服务并没有为年老体弱群体提供足够的、公平的政府补贴，据此提出了一个政府补贴的框架，同时建立一个新的覆盖风险下的社会保障制度，以便于有针对性地对年老体弱者进行补贴，促进该领域服务业的发展。而在 Parasuraman、Zeithaml & Berry（1988）等研究的基础上，Hasson & Arnetz（2011）等展开了基于受众对于提供服务感知的研究，主要是对构成服务质量的政府要素和市场因素进行研究，为因养老服务问题形成的具体原因和评价方法找到一种工具。近年来，郭红艳（2016）及钟慧澜、章晓懿（2016）等也比较了美国、日本、英国、澳大利亚等国家研究的进展并得到启示，认为较之国内而言，这些国家在养老机构服务质量建设方面较为健全，给养老服务业的发展提供了借鉴。

此外，民间自愿提供服务项目的宣传和引导、社会各界捐赠（财务成本和税收优惠政策等）、社会人文和精神关爱等问题，均离不开政府的倡导和政策支持，均是市场主体参与投资和经营养老机构所要考虑的成本收益问题。

5.1.4 老年群体对不同政府补贴类别养老机构的偏好

选择什么类型的养老机构，是老年群体考虑的一个重要因素。高晓路（2013）的实证研究表明，在年群体对公办型养老机构的需求最高，因为公办养老机构可弥补市场或民间养老服务在供给结构方面上的缺陷，也可以通过增加服务供给使价格趋于平抑，还将有利于政府对服务价格和服务水平进行调控，使得先进的养老模式和服务政策容易推广。

胡建涛、万伟（2016）的实证分析表明，在市场主体参与的养老机构中，高质量的公私合营制的养老机构逐渐受到老年人的青睐。蒲新微（2015）和蒲新微、王宇超（2016）的研究发现，不同职业类型居民对养老机构和养老方式偏好不同，职业的稳定性越高、社会声望地位越高则对公办养老机构的偏好越低。

目前，我国市场主体参与的养老机构仍然处于供不应求的局面，加之“政府购买”的形式多为不愿意到养老机构居家养老的形式，否则享有“政府购买”的老年群体就会直接入住养老机构。

当然，如果考虑到政府对养老机构补贴的条件，老年群体作为消费者是养老机构提供服务的主要受众，这类群体的入住意愿除了考虑考量其自身经济条件、身体状况等许多方面的相关因素之外，还会考虑政府补贴下养老机构服务质量及其社会评价如何等因素。

5.2 政府补贴对市场投资主体参与养老机构意愿的实证研究

就实际情况而言，当前中国面临着巨大的养老压力，国家正在有步骤地推进养老机构市场化改革，鼓励城乡居民机构养老成为这一改革中的重要一环，这也给国家公共养老服务政策提出了新的课题。我们发现，政府行为所体现的各项养老服务政策并非孤立存在，如政府对机构和个人的补助、政府监管能促进养老机构服务质量的提高、公共政策引导社会各界对于机构养老事业的支持等，都会直接或间接地影响居民参与机构养老服务的意愿，而且政府行为能产生政策传导作用。而目前的文献从政府行为这一角度对居民机构养老意愿进行研究的还未见到，这也是本书进行调查研究的主要内容。

5.2.1 变量特征与调查过程

5.2.1.1 变量与选择

各主要媒体数据显示，自党的十八大以来，政府财政在支持养老等民生事业中取得了重要进展。党的十九大进一步确立了“实施健康中国战略”，加快养老产业发展。在这一过程中，政府财政应有所作为。

在全面实现养老机构市场化过程中，政府财政对于养老机构的各项补贴不是直接对养老机构进行财政预算拨款，而是涉及多方面的财政支持政策，如直接对建设期养老机构补贴、对营运期养老机构进行补贴、对入住养老机构老年人进行补贴、其他养老金补贴政策以及医养结合政策等。此外，政府其他配套的支持政策也形成了财政支持养老产业发展的有效补充和机会成本，这些政策包括与养老事业发展的宣传、组织、制度运行管理、人员经费管理、社会资助管理以及与发生费用和成本的社会精神关爱，等等。

因此，基于本书后面的文献以及本章上一节中 5. 1. 2 对于政府养老机构补贴的机理和相关因素的分析，在此我们找出了若干政府补贴行为对市场参与养老机构服务业意愿的因素用于本书的实证研究（见表 5. 2）。

本书“养老机构补助相关政策”（*PS*）、“市场参与成本”（*AS*）、“社会支持（*GS*）及“参与养老机构服务事业意愿（*RE*）四个变量均采用自编量表，采用李克特（英译：Likert scale）5 级量表，设定问卷题项得分越高，则实际得分越高。

其中，“养老机构补助相关政策”（*PS*）的题项主要体现被调查对象对与养老机构服务业相关的各种补贴政策、政策等的预期或落实情况的感受的落实情况，包括：“养老服务业财政补助政策预期”（*PS*1），以体现被调查对象对于我国未来养老服务各项事业政府财政支持的预期；“养老金发放政策落实”（*PS*2）；“养老机构运行经费充足”（*PS*3），这一指标不仅体现了建设和运营养老机构社会筹资情况，而且体现了被调查者对于养老机构财政补贴数额满意程度的感受；“养老机构补助政策各部门协调”（*PS*4），由于养老机构政府补贴涉及各部门预算（如财政、民政、人力资源和社会保障等部门），因此该题项将体现被调查对象对于养老机构补助政策各部门协调状况的感知；“各项税收优惠政策的落实”（*PS*5），以体现被调查对象对于与养老机构各项营运收入税收优惠政策的感知情况；“其他养老服务体系的政策”（PS6），以体现被调查对象对于我国养老政策体系的完善情况的感知。在本部分量表题项中，“1”代表“非常差”，“5”代表“非常好”。

表 5.2　　　　变量测量和因子归类分析表

变量与对应题项（I）	因子归类分析（II）		
	因子	因子载荷	共同度
	养老机构补助相关政策（PS）		
养老服务业财政补助政策预期	PS1	0.602	0.686
养老金发放政策落实	PS2	0.585	0.635
养老机构运行经费充足	PS3	0.582	0.641
养老机构补助政策各部门协调	PS4	0.760	0.711
各项税收优惠政策的落实	PS5	0.715	0.634
其他养老服务体系的政策	PS6	0.596	0.588
	市场参与成本（AS）		
配套设施标准	A1	0.672	0.646
人员配备标准	A2	0.662	0.625
服务标准	A3	0.604	0.569
机构建设与运营管理	A4	0.586	0.624
	社会支持（GS）		
民间自愿提供服务服务项目	G1	0.748	0.703
社会各界捐赠	G2	0.741	0.713
社会人文和精神关爱	G3	0.640	0.609
	参与养老机构服务事业意愿（RE）		
参与养老机构服务事业意愿	Q1	0.627	0.615

“市场参与成本”（*AS*）主要用于体现政府对开办养老机构各项标准所要付出的成本，调查题项包括：“配套

设施标准”（A1），体现被调查对象对于养老机构床位建设以及其他医疗、保健、娱乐等配套设施建设标准的感知情况；“人员配备标准”（A2），体现被调查对象对于养老机构人员数量和服务标准的感知情况；“服务标准”（A3），体现被调查对象对养老机构服务内容所对应的收费标准的满意程度；“机构建设与运营管理”（A4），体现被调查者对于养老机构在建设和运营过程中对于资金管理、项目管理以及服务管理等的整体感知情况。在本量表题项中，“1”代表“非常低”，“5”代表“非常高”。

而“社会支持”（GS）主要体现市场投资主体对其他参与投资的市场主体的预期，该指标能直接或间接减少或弥补投资养老机构的成本，调查题项包括：“非政府兴办养老机构”（G1），代表被调查对象对于市场各类主体（包括企业、个人及民间团体）对于兴办或参与养老机构事业倾向人数的感知情况；“社会各界捐赠”（G2）；体现被调查对象对于他们所了解的养老机构社会各界捐赠情况的感知；“社会人文和精神关爱”（G3），以体现被调查者对养老机构所获得的各界人文的和精神上关爱程度的感知情况；在量表的本题项中，“1”代表“非常少”，“5”代表“非常多”。

“参与养老机构服务事业意愿”（RE）用“未来到养老机构养老的意愿”这一个单独的题项测量，量表的本题项中，“1”代表“非常不愿意”，“5”代表“非常愿意”。

5.2.1.2 调查过程与样本特征

考虑到被调查对象并不是老年人群体，也不一定是为走向社会年轻的个体，这类被调查群体应具有独立生活能力并且有稳定的收入来源和可用于投资的闲置资金，因此我们充分结合调查对象和内容，选择相应的对象进行问卷调查和访谈。

为了口径对等并便于调查，我们在此选取了五个区域的副省级城市，即华东的宁波市、华南的广州市、北方的长春市、西部的成都市、华中地区的武汉市为代表进行问卷调查。这些城市有一些共同特点，即均为人口超过500万人的老城市和特大城市。

在本次调查中，为便于委托当地大学生和社区服务人员进行问卷发放并开展调查和访谈，我们对当地被调查对象随机发放问卷（见表2），共发放问卷706份，回收617份，其中有效问卷538份，有效率为76.2%，具体样本特征见表5.3。

表5.3　　样本调查的基本情况

变量名称	定类、定序变量	频数	百分比
性别	男	391	72.7%
	女	147	27.3%
年龄	20~30岁	71	13.2%
	31~40岁	199	37.0%
	41~50岁	164	30.5%
	51岁及以上	104	19.3%
是否为投资人职业	机构投资人	367	42.6%
	个人投资人	49	9.1%
	其他	201	53.5%
文化程度	小学及以下	288	1.49%
	小学—高中（含中专、高职）	76	14.1%
	大专	174	32.3%
	本科以上	285	50.3%
是否参与过或正在参与养老服务事业	是	103	19.2%
	否	382	70.8%

续表

变量名称	定类、定序变量	频数	百分比
年收入	5 万元以下	24	10.9%
	5 万 ~10 万元	83	15.4%
	10 万 ~20 万元	261	48.5%
	20 万 ~50 万元	99	18.4%
	50 万元以上	71	13.2%

其中，男性受访者问卷 391 份，占比为 72.7%；女性受访者问卷 147 份，占比为 27.3%。年龄在 20 ~30 岁的受访者问卷 71 份，占比为 13.2%；年龄在 31 ~40 岁的受访者问卷 199 份，占比为 37.0%；年龄在 41 ~50 岁的受访者问卷 164 份，占比为 30.5%；年龄在 51 岁及以上的受访者问卷 104 份，占比为 19.3%。小学及以下学历的受访者问卷 8 份，占比为 1.49%，小学—高中（含中专、高职）学历的受访者问卷 76 份，占比为 14.1%；小学—高中（含中专、高职）学历的受访者问卷 174 份，占比为 32.3%；大专/本科及以上学历的受访者问卷 285 份，占比为 50.3%。在是否参与过或正在参与养老服务事业受访者问卷中，参与过养老服务事业的问卷 103 份，占比为 19.2%；未参与过养老服务事业的问卷 382 份，占比为 70.8%。在是否为投资人职业问卷中，机构投资人问卷 49 份，占比为 9.1%；个人投资人问卷 201 份，占比为 37.4%；其他问卷 288 份，占比为 53.5%。年收入在 5 万元以下的受访者问卷 24 份，占比为 10.9%；年收入在 5 万 ~10 万元的受访者问卷 83 份，占比为 15.4%；年收入在 10 万 ~20 万元的受访者问卷 261 份，占比为 48.5%；年收入在 20 万 ~50 万元及以上的受访者问卷 99 份，占比为 18.4%；年收入在 50 万元以上的受访者问卷 71 份，占比为 13.2%。

5.2.2 验证假说

相对于养老服务政策而言，政府支付居民养老金、养老券、兴办或资助养老机构以及直接颁布相应的法规等都是养老制度直接运行的体现，能直接影响到参与居民机构养老的意愿。关于这一点，Campbell、Ikegami 和 Gibson（2010）的文献研究指出，政府直接出资兴建、资助私人建立养老院等方式，对老年人社区照顾服务和援助具有直接影响，而政府对养老服务体系的监管、采取政策导向引导全社会支持养老服务业同样能对调动市场和社会参与养老服务上起到核心作用。此外，胡象明（2000）的研究结论表明，政府政策行为具有价值取向，而养老服务政策行为的价值取向是居民的养老服务消费利益，因此对参与养老机构服务事业意愿也可能有引导作用。据此，本书将“养老制度运行”（*PS*）、“市场参与成本”（*AS*）以及“社会支持”（*GS*）设定为政府行为变量，同“参与养老机构服务事业意愿”（*RE*）变量一齐纳入同一框架，编制调查量表，对政府行为影响参与养老机构服务事业意愿进行检验。结合 5.1.2 的研究成果和逻辑，我们设定如下验证假设：

验证假设 H1：养老机构补助相关政策情况（*PS*）对参与养老机构服务事业意愿（*RE*）存在正向影响。

验证假设 H2：养老制度运行对市场参与成本（*AS*）有着正向影响。

验证假设 H3：养老机构补助相关政策情况（*PS*）对社会支持（*GS*）有着正向影响。

验证假设 H4：市场参与成本（*AS*）对社会支持（*GS*）有着正向影响。

验证假设 H5：市场参与成本对参与养老机构服务事业意愿（*RE*）有着正向影响。

验证假设 H6：社会支持（*GS*）对参与养老机构服务事业意愿（*RE*）有着正向影响。

5.2.3 检验步骤

本书采用结构方程模型对政府行为影响城镇居民机构养老的意愿进行检验，在数据特征描述后，本书将采取如下步骤进行检验：

第一步，进行量表的信度分析，采用 Cronbach's α 系数（内部一致性系数；Cronbach，1963）对养老制度运行、市场参与成本、社会支持、参与养老机构服务事业意愿等 4 个量表进行信度分析。

第二步，对量表进行效度分析。将样本数据（N = 538）随机分成两份，一份用于探索性因子分析（N = 269），一份用于验证性因子分析（N = 269），以检验量表的结构效度。

（1）探索性因子分析（EFA）。在进行探索性因子分析之前，通过 KMO 样本检验题项之间的相关性，依据薛薇（2011）等的统计检验标准，在此设定养老机构补助相关政策情况（PS）、市场参与成本（AS）、社会支持（GS）、参与养老机构服务事业意愿（RE）等 4 个量表的 KMO 值大于 0.7，方能判定各变量是否适合做因子分析，然后采用主成分分析法、最大方差法对数据进行因子系数分析，以体现原量表信息丢失程度以及各量表的内部结构情形。

（2）验证性因子分析。首先，采用验证性因子分析（CFA）、最大似然法，检验养老机构补助相关政策情况

(PS)、市场参与成本（AS）、社会支持（GS）以及参与养老机构服务事业意愿（RE）4个变量的因子结构。根据吴明隆（2013），各变量的因子负荷量值的判断标准范围0.50～0.95以内方能表明RMSEA的基本拟合度是否良好。其次，测量模型的$\chi 2$值，并判断绝对拟合指数$\chi 2/df$是否在理想范围1～3内；RMSEA值是否小于评价标准值0.08；GFI值、IFI值、CFI值以及TLI值是否大于评价标准值0.90；判断PGFI值是否大于评价标准值0.50。以测量模型的拟合是否良好。

(3) 各变量间相关分析。通过各变量的相关系数检验对变量之间的正负相关关系进行检验。

(4) 进行结构方程结果分析。模型将老制度运行(PS)、市场参与成本（AS）、社会支持（GS）、参与养老机构服务事业意愿（RE）4个变量纳入同一框架，进行结构方程模型分析。通过最大似然估计对本部分的理论假设进行检验，同时依据模型的运算结果对该模型进行修正，得到最终结构模型。根据温忠麟等（2004）的检验标准，当样本量大于1000时，卡方值的显著性（即SIG.值）往往很大，容易导致拟合较好的模型结论被拒绝，因此本书采用宽松阀值为5的判断标准；此外，我们分别取RMSEA值、GFI值、NFI值、IFI值、CFI值以及TLI值，判断这些值的评价标准值均是否大于0.90；而PGFI值需大于评价标准值0.50，以判断最终模型拟合是否良好。

5.2.4 主要分析结果

根据上述检验步骤，运用统计分析软件SPSS19.0和Amos17.0，我们给出政府行为影响参与养老机构服务事业意愿的统计分析结果，并进行结论分析。

5.2.4.1 信度与效度检验

运用SPSS20.0，以Cronbach系数为检验标准，对老制度运行（PS）、市场参与成本（AS）以及社会支持（GS）3个量表进行信度分析。结果显示了养老机构补助相关政策情况（PS）、市场参与成本（AS）以及社会支持（GS）3个量表的内部一致性系数分别为0.916、0.905、0.927；各量表的信度系数均大于可接受值0.8，这说明本书问卷内部具有一致性和良好信度。

5.2.4.2 因子分析

（1）探索性因子分析。运用探索性因子分析（EFA），使用最大方差法旋转，得出KMO统计量（Andriotis，2003）为0.917（见表5.4），大于0.9，表明问卷变量则非常适合做因子分析。而Bartlett球形度检验（Bartlett，1950）结果显示，Approx Chi－Square卡方值为3702.165（$p<0.001$），这表明变量之间高度相关，据此可以看出，本问卷具有较高的结构效度，表明社区微型养老机构服务质量相关变量适合做因子分析。

表5.4 效度检验（KMO和Bartlett's检验）表

检验方法	检验项	检验值
KMO检验	KMO值	0.917
Bartlett检验	Approx Chi－Square值	3702.165
	D.f. 值	0.593
	Sig. 值	0.000

（2）验证性因子分析。采用验证性因子分析（CFA）、最大似然估计法，检验养老机构补助相关政策情

况（PS）、市场参与成本（AS）以及社会支持（GS）3个变量的因子结构。结果显示各变量的因子负荷量值均介于0.714～0.844，在判断标准范围0.50～0.95以内，说明模型的基本拟合度良好，各指标能有效反映其要测得的变量特征；测量模型的χ^2值为141.293，绝对拟合指数χ^2/df值为2.523，在理想范围1～3内；RMSEA值为0.053，小于评价标准值0.08，表示模型拟合合理；GFI值为0.961，IFI值为0.981，CFI值为0.981，TLI值为0.974，均大于评价标准值0.90；PGFI值为0.592，大于评价标准值0.50，表明测量模型的拟合比较理想。

5.2.4.3 各变量间相关分析

通过各变量的相关系数检验可以看出（见表5.5），养老机构补助相关政策情况（*PS*）与市场参与成本（*AS*）、社会支持（*GS*）以及参与养老机构服务事业意愿（*RE*）正相关；市场参与成本（*AS*）分别与社会支持（*GS*）、参与养老机构服务事业意愿（*RE*）正相关；社会支持（*GS*）与参与养老机构服务事业意愿（*RE*）正相关。

表5.5　　各变量的相关系数矩阵表　　（N=538）

变量	均值	标准差	1	2	30	4
养老机构补助相关政策情况（*PS*）	0.612	0.343	1			
市场参与成本（*AS*）	0.657	0.396	0.585***	1		
社会支持（*GS*）	0.605	0.285	0.627***	0.588***	1	
参与养老机构服务事业意愿（*RE*）	0.586	0.342	0.624***	0.747***	0.441***	1

注：在此本书采用Pearson相关分析，*代表p<0.05；**代表p<0.01；而***代表p<0.001。

5.2.4.4 模型结果与分析

本书采用的SEM模型将养老机构补助相关政策情况（*PS*）、市场参与成本（*AS*）、社会支持（*GS*）、参与养老机构服务事业意愿（*RE*）4个变量纳入同一框架，进行结构方程模型及其相关系数的分析，同时采用Amos 17.0软件，通过最大似然估计法对理论假设进行检验，然后根据模型运算结果对模型进行修正，并删除了影响不显著的验证假设H6，得到最终结构模型（见图5.2）。

表5.6 最终模型拟合指标 （N=538）

适配指标	χ^2	df	χ^2/df	GFI	NFI	IFI	CFI	TLI	PGFI	RMSEA
最终模型	275.866	63	4.421	0.966	0.983	0.989	0.970	0.969	0.599	0.061

在最终模型拟合结果中，绝对拟合指数 χ^2/df 为4.421，小于宽松接受值5；RMSEA值为0.061，小于该模型评价准值0.08，说明模型拟合良好；GFI值为0.966，NFI值为0.983，IFI值为0.989，CFI为0.970，TLI值为0.969，均大于评价标准值0.9；而PGFI值为0.599，大于评价标准值0.50。从以上模型主要拟合指标可以看出，最终模型拟合良好。

图5.2的结果可以看出，养老机构补助相关政策情况（*PS*）对参与养老机构服务事业意愿（*RE*）有着显著正向影响，标准化路径系数为0.233（$p<0.001$）；养老机构补助相关政策情况（*PS*）对市场参与成本（*AS*）有着显著正向影响，标准化路径系数为0.671（$p<0.001$）；养老机构补助相关政策情况（*PS*）对社会支持（*GS*）有着显著正向影响，标准化路径系数为0.52（$p<0.001$）；市场参与成本（*AS*）对社会支持（*GS*）有着显著正向影响，标准化路径系数为0.242（$p<0.001$）；市场参与成

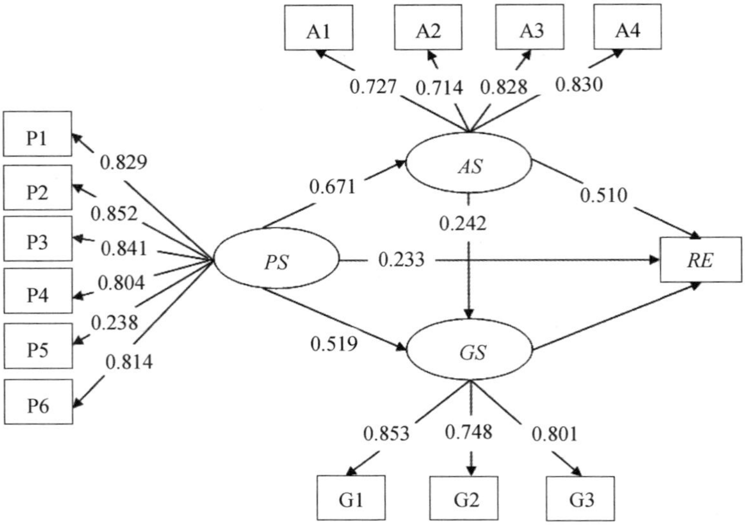

图 5.2　各变量间的路径系数最终适配模型图①

本（*AS*）对参与养老机构服务事业意愿（*RE*）有着显著正向影响，标准化路径系数为 0.510（p < 0.001），上述验证假设 H1、验证假设 H2、验证假设 H3、验证假设 H4 以及验证假设 H5 分别得到验证。而社会支持（*GS*）对参与养老机构服务事业意愿（*RE*）的影响不显著（最终模型拟合结果中已经被剔除），验证假设 H6 未获得支持。

在上述分析过程中，我们还发现，养老机构补助相关政策情况（*PS*）通过市场参与成本（*AS*）影响参与养老机构服务事业意愿（*RE*），即市场参与成本（*AS*）在养老机构补助相关政策情况（*PS*）与参与养老机构服务事业意愿之间（*RE*）起到部分中介作用，其中介效应为 0.337，总效应为 0.612；养老机构补助相关政策情况

① 路径系数为标准化估计，实线表示路径在 1% 的水平上为显著，虚线表示在 5% 水平上不显著。

（*PS*）通过市场参与成本（*AS*）影响社会支持（*GS*），即市场参与成本（*AS*）在养老机构补助相关政策情况（*PS*）与社会支持（*GS*）之间起到部分中介作用，中介效应为0.203，总效应为0.596。

5.2.5 小结

本节将养老制度运行、市场参与成本、社会支持三个政府行为变量与参与养老机构服务事业意愿编制成量表，基于对华东的宁波市、华南的广州市、北方的长春市、西部的成都市、华中地区的武汉市等5个副省级城市进行调查，本节采用SEM模型对这些城市的城镇范围中具有独立生活能力并且有稳定的收入来源和可用于投资的闲置资金的群体参与养老机构事业意愿的样本进行了实证分析。结果显示：第一，市场参与成本对社会支持、参与养老机构服务事业意愿均有着显著正向影响；第二，养老制度运行对市场参与成本、社会支持、参与养老机构服务事业意愿均有着显著正向影响；第三，市场参与成本在养老制度运行与参与养老机构服务事业意愿之间起到部分中介作用；第四，市场参与成本在养老制度运行与社会支持之间起到部分中介作用。

上述结果分析直观地表明，在政府推进养老机构市场化并进行补贴的过程中，市场各类投资或经营主体主要关注两个方面因素：第一，投资或经营养老机构的自身成本问题；第二，政府能够给养老机构带来多少财政补贴。这两个因素直接关系到养老机构运行的盈亏问题，而不大关心对于社会支持如民间自愿提供服务项目、社会捐赠以及精神关爱等不利于核算成本的一些因素。因此，从政策角度来讲，政府在推进养老机构市场化的补贴机制中，尤其应该在各级政府可控的预算条件下，做好养老机构补贴的资金来源和核算工作，协调各有关部门，尽可能加大对养老机构财政补贴的力度。此外，要分别从政府行为和市场行为角度出发，破解市场投资或运营主体参与养老机构市场所面临的盈利难题，这些都对养老机构的政府补贴机制提出了新的要求，如建立何种机制能够消除市场投资的顾虑、运用何种机制运行能够有效带动社会各方力量参与到养老机构投资和运营的服务业中来，等等。

5.3 城镇居民对养老机构类别的偏好及入住意愿的实证研究

基于5.3.1分别考虑了居民个人或家庭因素、社会因素以及养老机构服务、政府行为等因素对居民选择养老机构服务意愿的影响。目前，养老服务已成为我国老年人消费的重要支出，因此，在养老机构财政补贴条件下，目前我国形成了三种基本的养老机构服务模式，即公建民营、民办公助和政府购买，这些形式的差异可能会影响到不同老年群体入住养老机构的意愿。由于农村养老机构服务目前还处于政策启动阶段，政策覆盖面小，本节将就城镇居民对不同类别养老机构的偏好及其入住意愿进行实证分析。

5.3.1 变量选取及变量定义

改革开放以前，我国传统的养老机构仅限于政府主办的养老福利院，市场投资的养老机构几乎没有，人们依据传统的“养儿防老”的旧观念，绝大多数老年人选择居家养老的形式。20 世纪 80 年代中后期以来，在我国广东等地逐渐出现了民办养老机构，政府对这类机构进行少量财政补贴。随着人口老年化趋势日益加剧、“社会统筹”养老制度和社会福利制度改革的逐步完善，尤其是党的十八大以来，全国各地养老机构市场化步伐加快，各地养老机构以各种形式迅速发展起来。政府为推动养老机构市场化，对其进行财政补贴和各类政府引导，目前形成了三种基本形式：一是公建民营型养老机构；二是民办公助型养老机构；三是政府购买，即政府补贴老年群体个人，自主或由政府帮助选择养老机构。

然而，受到传统观念以及家庭经济状况等因素的影响，许多家庭和老人对身边、朋友介绍以及各类宣传等的影响，目前老年群体选择对公建民营、民办公助和政府采购三类具有不同类型政府补贴的养老机构的认识和态度有着很大差别，形成了四类人群：第一类是关注或倾向于入住公建民营型养老机构的老人群体；第二类是关注或偏好于入住民办公助制度的群体；第三类是关注或偏好于政府购买的群体；第四类是对上述各类财政补贴养老机构保持动态偏好或者关注的，即根据个人或家庭情况（时间和环境变化）保持多种选择或者不大关心养老机构性质的老年群体。

为了探究我国老年人对不同财政补贴类型的养老机构的偏好及其对机构养老意愿的影响，在此将因变量设定为“入住意愿”，为一多分类变量，包括：“不愿意入住养老机构”分类变量、“不确定是否入住养老机构”分类变量以及“愿意入住养老机构”分类变量三个分类。

依据上述四类群体所偏好的不同财政补贴类型的养老

机构，在此将自变量偏好养老机构类型依次简要定义为，“1”代表偏好“公建民营”类型；“2”代表偏好“民办公助”类型；“3”代表偏好“政府购买”类型；“4”代表“动态偏好”类型。同时，控制变量需要考虑老年人和家庭或家庭条件的一些基本特征，这些基本特征包括性别（男，女）、年龄（从56周岁以上分为三类）、学历（从初中以下至大学以上）、配偶情况、户籍情况因素（含有随子女常住城镇的农村户籍人口）、家庭子女情况（个数）因素、家庭经济条件（包括自身的退休金或养老金）因素、生活是否能够自理因素、亲友探访频率因素等，归纳后的变量定义及其赋值见表5.7。

表5.7　对相关变量的定义及其赋值表

	变量定义及赋值
因变量：入住意愿	不愿意入住养老机构 =1；不确定是否入住养老机构 =2；愿意入住养老机构 =3
自变量：	
偏好养老机构类型	“1” =公建民营
	“2” =民办公助
	“3” =政府购买
	“4” =动态偏好
控制变量	
性别	男 = “1”；女 = “2”
年龄	56～65岁 = “1”；66～75岁 = “2”；76岁及以上 = “3”
学历情况	初中及初中以下 = “1”；高中/中专/技校 = “2”；大专及大专以上 = “3”
配偶情况	有配偶 = “1”；单身或无配偶 = “2”
户籍情况	城镇户籍 = “1”；常住城镇的农村户籍 = “2”
家庭子女情况（个数）	无子女 = “1”；一个子女 = “2”；两个子女 = “3”；三个及以上子女 = “4”

续表

	变量定义及赋值
家庭经济条件	家庭经济条件较差 = "1"; 家庭经济条件一般 = "2"; 家庭经济条件较好 = "3"
生活自理情况	不能自理 = "1"; 一般 = "2"; 能够自理 = "3"
家人或亲友探访频率	在一周之内的家人亲友探访次数（较少 = "1"; 一般 = "2"; 较多 = "3"）

5.3.3 验证假设

当前我国养老服务仍处于发展中阶段，各地区养老机构的兴起，使的养老机构有供不应求的态势，逐渐引起了广大养老群体的广泛偏好，一些老年群体机构养老意识逐渐增强。但是，受到传统家庭养老因素的影响，仍然有许多农村地区、城镇地区的老年群体对养老机构还没有意识，或者停留在传统养老公有制形态下，因而，本节的调查重点对“公建民营”型养老机构的关注程度进行研究，所进行的研究假设及其验证也与此密切相关。

从目前调查的情况看，受访者年龄均为56岁以上人群，他们的经济状况还受制于养老金收入水平还不高的制约，且大多经历过传统国有经济时代并受到传统思想的影响，对国有经济信赖程度较高，十分关注国家主办的养老机构发展，依据前文5.1.3高晓路（2013）的研究结论，我们做出判定和如下验证假设：

验证假设1：在入住养老机构意愿的老年群体中，有“公建民营”型养老机构偏好的群体显著高于有“动态偏好”的群体。

当前我国市场投资主体参与的养老机构仍然供不应求的局面，加之“政府购买”的形式多为不愿意到养老机构居家养老的形式，否则享有“政府购买”的老年群体就会直接入住养老机构。依据前文胡建涛、万伟(2016)、蒲新微（2015）和蒲新微、王宇超（2016）的研究，不同职业类型居民对养老机构和养老方式偏好不同，职业的稳定性越高、社会声望地位越高则对公办养老机构的偏好越低。为此我们进行如下验证假设：

验证假设2：在入住养老机构意愿的老年群体中，有“民办公助”型养老机构偏好的群体显著高于有“公办民助”和“政府购买”偏好的群体。

此外，早在2008年，吴海盛、江巍（2008）的研究就关注了农村家庭子女人数对于老年人养老意愿的影响，研究了农村子女较多的家庭养老问题，认为家庭子女数量较多可以使得老人得到较多的照料，从而降低了农村养老群体养老机构养老的意愿。而我们的调查是城镇范围，是否也会出现这种情况也需要观察。在20世纪80年代，Sinn H. W（1998）从可能存在的家庭道德风险角度来解释家庭子女数量和养老服务质量的理论关系，结果显示，如果在一个存在养老金制度的国家，当养老金足够充足时，父母将会选择较少的出生生育率，这样可以少抚养子女。据此可进一步做出如下验证假设：

验证假设3：在本节上述所有养老机构类型偏好的老年群体中，家庭的子女数越多，其入住养老机构的意愿越低。

5.3.4 调查过程与样本特征描述

5.3.4.1 本节的样本调查过程

党的十八大以来，中国进行了城镇化的改革，原有许多城区的范围逐渐扩大，许多中心城区已覆盖了原有的县区范围，一些城市农村人口城市化形成了城镇人口迅速增长的局面。随着近年来养老机构的增加以及城镇、农村基本养老保险的全面覆盖，当前城镇人们对于机构养老的意识逐渐增强。我们样本选择地区仍然是上一节所述的调查地，调查方法基本相同（在此不再赘述）。所不同的是，此类调查的区域集中在社区（包括中心城区和非中心城区的县区），被调查者年龄段均为 56 岁及以上的老年城镇常住人口①，其中也包括因子女在城市工作和生活的老年常住人口，被调查对象的年龄均为 56 岁以上的城乡居民，问卷共计发放 665 份，回收 634 份，有效样本 616 份，有效率为 92.61%（见表 5.8）。

表 5.8　　调查样本及其基本情况表

变量	定类和定序变量	频数	占比（%）
性别	男	315	51.1%
	女	301	48.9%
年龄	56～65 岁	307	49.8%
	66～75 岁	234	38.0%
	76 岁及以上	75	12.2%
学历	初中及以下	269	43.7%
	高职/高中/中专/技校	245	39.8%
	大专及以上	102	16.5%
配偶情况	有配偶	553	89.8%
	单身或无配偶	63	10.2%
户籍情况	常住城镇的农村户籍	262	42.5%
	城镇户籍	354	57.5%

① 本书在此年龄段的设置是依据人力资源和社会保障部网站公布的全国平均退休年限为 55 岁，因此从 56 周岁及以上年龄开始调查，而没有考虑家庭实际选择权在子女手上问题是依据绝大多数文献来进行量表设计和调查的。

续表

变量	定类和定序变量	频数	占比（%）
家庭子女情况（个数）	无子女	21	3.4%
	1个	289	46.9%
	2个	281	45.6%
	3个及以上	25	4.1%
家庭经济条件	家庭经济条件较差	157	25.5%
	家庭经济条件一般	339	55.0%
	家庭经济条件较好	120	19.5%
生活自理情况	不能自理	26	4.2%
	一般	81	13.2%
	能够自理	509	82.6%
家人或亲友探访频率	较少	74	12.0%
	一般	141	22.9%
	较多	401	65.1%
偏好养老机构类型	公建民营	244	39.6%
	民办公助	107	17.4%
	政府补贴、自主或政府采购	172	27.9%
	动态偏好	93	15.1%

5.3.4.2 样本特征

从表5.8中样本的基本特征可见，从性别方面看，男性占比为51.1%，女性占比为48.9%，男性略多于女性；从年龄方面看，56～65岁的占比为49.8%，66～75岁的占比为38.0%，76岁及以上的占比为12.2%，多数受访者年龄低于76岁，而高于76岁的人群占少数，受访者人数分布呈现出年龄由低向高的递减趋势；从学历方面看，初中及以下的占比为43.7%，高职/高中/中专/技校的占比为39.8%，大专及以上的占比为16.5%，大多数受访者学历在大专以下，学历分布由高到低递减；从配偶情况方面看，有配偶的占比为89.8%，单身或无配偶的占比为10.2%，绝大多数受访者有配偶；从户籍情况方面看，常住城镇的农村户籍的占比为42.5%，城镇户籍占比为57.5%，城镇户籍略微多于农村户籍；从家庭子女情况（个数）来看，无子女的占比为3.4%，1个子女的占比为46.9%，2个子女的占比为45.6%，3个及以上子女的占比为4.1%，子女人数1~2个的情况占据绝大多数，而无子女和3个以上子女占极少数，呈现中间高两头低的态势；从家庭经济条件方面看，家庭经济条件较差的占比为25.5%，家庭经济条件一般的占比为55.0%，家庭经济条件较好的占比为19.5%，多数家庭经济条件一般，呈现中间高两头低的态势；从生活自理情况方面看，不能自理的占比为4.2%，自理能力一般的占比为13.2%，能够自理的占比为82.6%，大多数受访者生活能够自理；从家人或亲友探访频率方面看，在一周之内的家人亲友探访次数较少的占比为12.0%，探访次数一般的占比为22.9%，探访次数较多的占比为65.1%，一半以上的受访者家人亲友探访频率较多，家人亲友探访次数由较多到较少呈现递减趋势。就偏好的养老类型来看，偏好公建民营的占比为39.6%，偏好民办公助的占比为17.4%，偏好政府补贴、自主或政府采购的占比为27.9%，而保持动态偏好的占比为15.1%，可以看出偏好公建民营的占据多数，而偏好有市场投资主体参与的机构类型中的政府补贴、自主或政府采购这一类型最受老年人偏好，而所有类型机构中保持动态偏好的最少。

5.3.5 检验模型与步骤

本节将用Logistic模型的多分类分析，其因变量设定

“入住意愿”，并用“1”代表不愿意，用“2”代表不确定，而用“3”代表愿意三个类别，从本书数据样本特征来看，多分类的 Logistic 模型适合于我们的样本特征。根据 O′Connell（2015）等，模型其基本形式写成：

$$\ln\left[\frac{P(Y \leq m)}{P(Y > m)}\right] = \alpha_0 + \sum_{j=1}^{n} \alpha_j x_{ij} \tag{5.3.1}$$

（5.3.1）式中，x_1、$x_2 \cdots x_j$ 分别表示体现个人（或家庭）基本特征的自变量和因变量，n 代表自变量的个数，$n = 9$；m 代表因变量 Y 的赋值，角标 1、2、3 分别表示“不愿意”“不确定是否愿意”以及“愿意”三类；α_0 代表常数项；α_j 代表各自变量回归后的系数，代表不同偏好类别群体对这种形式养老意愿的一种方向和程度。基于此，本部分的验证步骤如下：

第一，用似然比检验法对模型自变量、控制变量以及因变量的相关性进行分析。确定他们的频次和频率，在剔除不显著变量后，需要重新进行相关性检验，直至所有变量一齐通过似然比检验。

第二，形成因变量和自变量的关系矩阵，对各自变量的系数求解。在这一过程中，通过 Logistic 模型将 4 个体现不同偏好类别的自变量与体现性别等个体因素的控制变量作为定序变量引入模型进行回归，也可在回归过程中可根据模型参数估计的效果，去掉所有控制变量进行回归，由此得到参数估计结果。

第三，对模型的有效性进行检验。对模型的变量及其相应类别做一个整体检验，观测相应的系数，设定原假设 H0 表示“该回归模型无效，且所有系数均为 0”来判断该组数据是否与 Logistic 回归模型相拟合。

5.3.6 主要分析结果

依据前面检验步骤，我们先用似然比检验法对自变量的显著性进行检验（结果见表5.9），表5.9的结果显示，自变量“家人或亲友探访频率”的Sig值为0.221，没有通过显著性检验，表明在所有自变量中，这一变量对验证模型的影响可以忽略。当除去该变量后，将所有自变量引入协变量进行重复性检验后（见表5.9），结果显示，剔除不显著变量之后的各变量均显著。

表5.9　　似然比检验结果表

变量	似然比检验（I）			剔除不显著变量后的似然比检验（II）		
	Chi值	df值	Sig. 值	Chi值	df值	Sig. 值
截距（c）	0.000	—	—	0.000	—	—
性别	0.670	3	0.001	0.599	3	0.002
年龄	80.703	6	0.012	69.533	6	0.000
学历	183.05	6	0.002	195.03	6	0.000
配偶情况	90.835	3	0.000	89.485	3	0.053
户籍情况	205.64	3	0.000	203.62	3	0.000
家庭子女情况（个数）	196.45	9	0.000	213.73	9	0.000
家庭经济条件	30.687	6	0.000	19.78	6	0.002
生活自理情况	29.541	6	0.000	18.57	6	0.001
家人或亲友探访频率	28.947	6	0.221	—	—	—

结合用多分类Logistic模型，运用Spss21.0进行分析，可得到本节的主要分析结果（见表5.10）。我们以“1”代表“愿意入住养老机构”并作为参考类别进行定

序的 Logistic 回归（回归系数取“0”），而对于第 2 个和第 3 个类别均能分别确定一个线性回归函数，所以每个自变量将会有 2 个回归系数，此时自由度变为 2；每一个定性自变量要用其类别数减 1 个示性变量来表示，如“学历”共由 3 个示性变量来代表，所以会有 2×3=6 个回归系数，将“学历”作为 1 个整体时的自由度为 6。由表 5.9 可以看出，自变量“学历”的相伴概率即 Sig. 值=0.000，这表明，将“学历”作为整体检验的结果是显著的，但不代表“学历”这一自变量的每一个回归系数值都是显著的，例如在表 5.10 中，对“类别 2”即“不确定是否入住养老机构”这一因变量，当“性别=2”时，Sig. 值=0.344，表明该变量回归结果不显著，以此类推。

表 5.10 中的模型（I）估计了在加入所有体现个人因素的控制变量后，受调查者对不同养老机构偏好类别养老机构入住意愿的影响；模型（II）估计了在加入个人因素控制变量前不同偏好类别的被调查对象对入住养老机构意愿影响。模型（I）和模型（II）的检验结果即最终对数自然值（-2）的均值 P 均处于模型设定的 0.05 的显著性水平下，表明模型（I）和模型（II）均有统计学意义。并且从两个模型的 Nagelkerke R^2 值均接近于 1 来看，该结果的值均约接近于 1，说明模型拟合度较好。由于我们将因变量排序分别从 1～3 在模型中进行排序，表明因变量“入住意愿”从“不愿意入住”“不确定是否入住”到“愿意入住”三个类别的升序排列，回归系数越大，表明被调查对象“入住意愿”越高；反之，被调查对象“入住意愿”回归系数越小，则表明被调查对象“入住意愿”越低。

（1）在表 5.10 的模型（II）中，因变量“不愿意入

表 5.10　　　　模型分析结果总表

因变量	自变量/控制变量	模型（I）回归结果①	模型（II）回归结果
1 = 不愿意入住养老机构	性别（参考组为：女性 =2）	1 –（0.573，0.294）	
	年龄（参考组为：76 岁及以上 =3）	1 –（1.502，0.000）	
		2 –（0.970，0.045）	
	学历（参考组为：大专及以上 =3）	1 –（0.979，0.442）	
		2 –（0.755，0.444）	
	配偶情况（参考组为：单身或无配偶 =2）	1 –（1.455，0.000）	
	户籍情况（参考组为：常住城镇的农村户籍 =2）	1 –（0.745，0.155）	
	家庭子女情况（个数）（参考组为：3 个及以上 =4）	1 –（–1.657，0.002）	
		2 –（–1.843，0.049）	
		3 –（1.142，0.025）	
	家庭经济条件（参考组为：家庭经济条件较好 =3）	1 –（0.470，0.004）	
		2 –（0.450，0.034）	
	生活自理情况（参考组为：能够自理 =3）	1 –（–0.944，0.000）	
		2 –（0.104，0.084）	
	偏好养老机构类型（参考组为：动态偏好 =4）	1 –（–0.407，0.043）	1 –（–0.870，0.016）
		2 –（–0.427，0.041）	2 –（–0.1213，0.019）
		3 –（–0.453，0.035）	3 –（1.106，0.027）

① 1. 模型（I）中，“1 –（0.573，0.294）”表示因变量“不愿意入住养老机构”与“愿意入住养老机构”相比，自变量或控制变量取值为 1（男性）与参考组（女性）在“入住养老机构愿意”上无差异，回归系数为 0.573，伴随概率为 0.294，以此类推。

2. 在模型（II）和模型（I）的分析中，“愿意入住养老机构 =3”为参考类别。

续表

因变量	自变量/控制变量	模型（I）回归结果[①]	模型（II）回归结果
2 = 不确定是否入住养老机构	性别（参考组为：女性 = 2）	1 – （0.675，0.444）	
	年龄（参考组为：76 岁及以上 = 3）	1 – （1.429，0.043）	
		2 – （0.395，0.102）	
	学历（参考组为：大专及以上 = 3）	1 – （1.005，0.442）	
		2 – （0.777，0.233）	
	配偶情况（参考组为：单身或无配偶 = 2）	1 – （1.297，0.000）	
	户籍情况（参考组为：常住城镇的农村户籍 = 2）	1 – （0.777，0.175）	
	家庭子女情况（个数）（参考组为：3 个及以上 = 4）	1 – （ –1.200，0.000）	
		2 – （ –0.804，0.049）	
		3 – （0.447，0.047）	
	家庭经济条件（参考组为：家庭经济条件较好 = 3）	1 – （0.593，0.002）	
		2 – （0.975，0.024）	
	生活自理情况（参考组为：能够自理 = 3）	1 – （ –0.754，0.002）	
		2 – （0.247，0.124）	
	偏好养老机构类型（参考组为：动态偏好 = 4）	1 – （ –0.575，0.019）	1 – （ –0.617，0.029）
		2 – （ –0.745，0.007）	2 – （ –1.293，0.001）
		3 – （ –0.774，0.015）	3 – （1.417，0.010）

住养老机构”与“愿意入住养老机构”相比，偏好“公建民营”“民办公助”和“政府购买”的三类老年群体均比“动态偏好”的群体更愿意入住养老机构，回归系数分别为 –0.870、–1.213 和 1.106，伴随概率均小于 0.05。因变量“不确定是否入住养老机构”与“愿意入住养老机构”相比，偏好“公建民营”“民办公助”和“政府购买”的三类群体均比“动态偏好”的群体更愿意入住养老机构，回归系数分别为 –0.617、–1.293 和

1.417，伴随概率均小于0.05。并且偏好“民办公助”系数的绝对值显著大于偏好“公建民营”系数的绝对值，当加入控制变量时，模型（I）中也能得到近似的回归结果。因此，本节验证假说2得到验证。

（2）在表5.10的模型（I）中，“1＝不愿意入住养老机构”与“2＝愿意入住养老机构”相比，被调查对象中无子女的群体、家庭子女数为1个的比家庭子女数为3个及3个以上的老年群体选择更愿意入住养老机构，其相关系数分别为－1.657和－1.843，伴随概率均小于0.05。而家庭子女数为2的群体与家庭子女数为3及以上的群体相比，在“入住意愿”的选择上无差异，系数为1.142，伴随概率为0.029。而因变量“1＝不确定是否入住养老机构”与“3＝愿意入住养老机构”相比，家庭子女数对入住养老机构愿意也存在显著影响。因此，本书验证假设3“在所有偏好养老机构类型的群体中，其家庭子女数量越多，入住养老机构的愿意越低。”验证假说3得到验证。

（3）在表5.10的模型（I）中，被调查对象群体作为控制变量的性别、学历、户籍情况对养老机构入住意愿的影响均不显著，它们的伴随概率均大于本书模型设定的0.05的范围。

将因变量“3＝不愿意入住养老机构”与“1＝愿意入住养老机构”相比，被调查对象各年龄阶段更愿意选择“3＝不愿意入住养老机构”，相应的回归系数分别为1.502和0.970，伴随概率均小于模型所设定的0.05；在因变量“2＝不确定是否入住养老机构”与“1＝愿意入住养老机构”相比，“56～65岁”的被调查群体比“76岁及以上”的老年群体更愿意选择“2＝不确定是否入住养老机构”，相应回归系数和伴随概率分别为1.429和

0.0395；但将因变量“2 = 不确定是否入住养老机构”与“1 = 愿意入住养老机构”相比，“66 ~ 75 岁”的受访老年群体与“76 岁及以上”的受访老年群体在入住养老机构意愿上无差异，回归系数和伴随概率分别为 0.395 和 0.102。这说明受访对象的年龄因素对入住养老机构意愿存在一定群体的影响。

无论是将因变量“3 = 不愿意入住养老机构”与“1 = 愿意入住养老机构”相比，还是将因变量“2 = 不确定是否入住养老机构”与因变量“1 = 愿意入住养老机构”相比，受访对象中有配偶的比单身或无配偶的受访群体更愿意选择“3 = 不愿意入住养老机构”和“不确定是否入住养老机构”，表明配偶情况对受访者养老机构入住意愿存在显著影响。

我们将因变量“3 = 不愿意入住养老机构”与“1 = 愿意入住养老机构”相比，家庭经济条件较差和一般的受访群体比家庭经济条件较好的受访群体更倾向于选择“3 = 不愿意入住养老机构”，两个回归系数分别为 0.370 和 0.450，伴随概率均小于 0.05；将因变量“2 = 不确定是否入住养老机构”与“1 = 愿意入住养老机构”相比，家庭经济条件较差和一般的受访群体比家庭经济条件较好的受访群体更愿意选择“2 = 不确定是否入住养老机构”，他们的回归系数分别为 0.593 和 0.975，伴随概率均小于 0.05。

此外，无论是将因变量“3 = 不愿意入住养老机构”与“1 = 愿意入住养老机构”相比，还是将因变量“2 = 不确定是否入住养老机构”与“1 = 愿意入住养老机构”相比，不能生活自理的受访群体比能够自理的受访群体要更愿意选择入住养老机构，它们的回归系数分别为 -0.944 和 -0.754，伴随概率均小于模型所设定的 0.05

的范围内；而生活自理情况一般的受访群体与生活能够自理的受访群体却无明显差异，回归系数分别为0.104和0.247，伴随概率均大于0.05。可见，生活自理情况同样对入住养老机构意愿存在部分影响。

本书为检验假说1，在此剔除偏好“自主选择”的老年群体，以“愿意入住养老机构”为参考类别建立模型（Ⅲ）进行回归，结果见表5.11。由于表格篇幅太长，此处仅分析了自变量意愿类型对入住机构养老意愿的影响，而未加入控制变量进行模型回归。

在表5.11中，因变量“1=不愿意入住养老机构”与因变量“3=愿意入住养老机构”对比，偏好“公建民营”“民办公助”和“政府购买”的群体在是否入住养老机构意愿这一方面无差异，相应的回归系数分别为1.214和0.813，伴随概率均大于0.05。

表5.11 模型分析结果

模型因变量	模型自变量	模型（III）回归结果
1=不愿意入住养老机构	偏好养老机构类型（参考组为：偏好“公办民营”=1）	2-（1.214，0.094） 3-（0.813，0.310）
2=不确定是否入住养老机构	偏好养老机构类型（参考组为：偏好“公办民营”=1）	2-（1.207，0.067） 3-（0.893，0.237）

如果将因变量“1=不确定是否入住养老机构”和因变量“3=愿意入住养老机构”相比，偏好“公建民营”偏好“民办公助”与偏好“政府购买”的群体在入住养老机构意愿上无差异，相应的回归系数分别为1.207和0.893，且相应的伴随概率均大于0.05，本节假设1“在入住养老机构意愿的老年群体中，有‘公建民营’型养老机构偏好的群体显著高于有‘动态偏好’的群体”未得到验证。

5.3.6 基于实证分析的结论

基于本章的理论和机制的分析，我们在此选取了5个区域的副省级城市作为调查对象，即华东的宁波市、华南的广州市、北方的长春市、西部的成都市、华中地区的武汉市为代表进行问卷调查，将养老群体个人和社会影响因素纳入调查范围，重点考察了在养老机构财政补贴条件下，目前老年群体对公建民营、民办公助和政府购买这三种形式机构养老的偏好情况。通过抽样调查，用多分类的Logistic模型对样本进行了实证检验，结果显示：第一，被调查群体个人情况，包括经济条件、年龄以及是否能够自理等对于“公建民营”“民办公助”和“政府购买”这三种形式机构养老机构的偏好有不同的影响，且无论是有何种对养老机构类型的偏好，家庭子女数量越多，入住养老机构的意愿越低，一定程度上体现了中国养儿防老的传统意识还是根深蒂固的；第二，还没有确定是否对类型养老机构有偏好的老年群体，并不见得对“公建民营”型养老机构就感兴趣，这类老年群体可能对于老年人养老消费的意识还不强，在群体上存在很大差异；第三，相比之下，对于有入住养老机构意愿的老年群体而言，对“民办公助”型养老机构偏好的群体显著高于有“公办民助”和“政府购买”偏好的群体。这表明，在愿意入住且关注上述三种类型养老机构的老年群体中，更加注重市场服务的质量，在条件允许下更愿意选择“民办公助”型养老机构。

上述实证分析结论对于本书机制分析的意义是，政府在引导市场参与养老机构市场的过程中，第一，需要提高传统公办养老机构的政府补贴，以提高相应的服务口碑；

第二，在对民办养老机构进行政府补贴时，需要考虑到市场投资主体参与到养老机构市场化过程中的营利性这一关键问题，以促进该类养老机构提高服务水平，进行市场化收费标准的安排，这不仅有利于老年群体对“民办公助”养老机构的认可，而且对于促进“政府购买”这类养老机构的某些服务而言，将具有现实的意义。

5.4 本章简要结论

本章从理论和实证分析角度进一步说明，如果将养老服务领域界定为历史阶段中的一个需要政府补贴的公共产品或服务，那么，政府有必要进行经济干预，其干预的标准则需要依据市场化程度、政府补贴的财政能力、市场融资的情况以及养老服务消费者的参与程度来加以判断。

基于养老机构市场化政府补贴的上述机理分析，本章对养老机构市场化进程中的供给和需求问题进行了调查和实证分析，其结论表明，目前我国养老机构还未处于可以达到全面市场化的水平，养老机构市场参与主体更多地关注到因盈利问题相关的政府补贴政策和市场环境领域，广大养老机构消费群体在一定程度上还处于社会各方市场化意识不够的一个阶段。

当前，由于财政对于某一项公共项目或公共服务的支出需要受到预算约束的影响，涉及政府对补贴额度边界的考量，如政府需要补贴多少才能使得社会养老机构投资人不至于面临盈利困难、政府需要对何种性质的养老机构进行补贴、哪个环节进行补贴以及补贴多少等问题。面对这些问题，需要有一种完善机制对养老服务市场进行引导，从而提高市场参与的积极性，形成一种良性循环，为养老机构全面市场化服务。

6. 养老服务机构政府补贴的约束条件与政府补贴模型

6.1 养老服务机构政府补贴的约束条件

虽然政府补贴对居民的机构养老意愿有极大的正相关关系，政府行为也能够通过多种途径对居民的机构养老意愿与社会参与产生影响，但政府补贴的充分实现并发挥作用，会受到一系列的约束，使得政府做出的决策必须综合考虑众多因素。

6.1.1 政府财政能力的限制

为提高财政资金使用效率，必须优化政府补贴机制的制度设计，各级政府的补贴资金均需建立在财政预算的约束前提之下。但是，人口老龄化一直在持续，养老需求也在不断增加，需要更多养老服务机构提供服务，也增加了对政府补贴的需求。

例如，民政部门曾经进行了测算，养老服务机构的建设需要巨大的投资，在建设期，在保证基本养老功能的前提下，每个养老床位的初期至少需要投入 5000 元，如果是高档养老服务机构，需要提供医疗保障设施的花费，每个床位初期投入高达 10000 元。在运营期，不仅要考虑土地成本问题，还要考虑固定资产的回收期问题，运作成本及费用也必须考虑在内，这样算来，每张床位将需要政府每月补贴 250 ~ 350 元，才能够保障其基本运营，如果是中高档型床位，每个床位每月需要补贴的数额甚至高达 400 ~ 500 元①。由此可见，许多养老机构向入住老年人收取了一定费用，但这些费用还不足以使有些机构正常运转或营利，还是会有许多养老服务机构需要政府财政出资进行补贴，从整体上来看，所需数额是非常庞大的。

在发达国家，其养老服务机构发展较早，这一养老服务模式比较成熟，入住养老服务机构的老年人比例大约在 5% ~ 7% 左右，但在发展中国家，这个比例只有 1% 左右。虽然目前我国作为一个发展中国家，也只有 1% 的老年人入住养老服务机构，但由于我国计划生育政策的作用

① 数据来源：吴玉霞．政府购买居家养老服务的政策研究——以宁波市海曙区为例[J]．中共浙江省委党校学报，2007 (2)，56 ~ 57.

和结果，目前人口老龄化程度接近世界中等发达国家。面临当前我国进入一个快速的社会转型期，我国家庭对老年人的支持保障作用也逐步降低，老年人对养老服务的需求也势必持续增长。根据国际水平并据此测算，我国未来入住养老服务机构的老年人占比应为3%左右较为合适。这样，当保持80%老人入住率的条件下，养老服务机构的床位数量应在现有数量上增加1倍，即达到400万张为合适。按照上述补贴标准，这将对我国财政造成巨大压力。在我国财政能力的限制下，很难实现这一目标。

6.1.2 资金来源的约束

养老服务机构建设运营的资金来源主要有几个方面，将所需资本按照出资主体进行划分，可分为政府出资部分、社会力量出资部分以及入住养老服务机构老年人出资部分。在所需资金既定的情况下，政府补贴资金来源渠道受到这三个方面主体出资额的影响，因此这三个主体出资额的大小都成了政府补贴资金来源渠道的约束条件。

6.1.2.1 政府出资的资金约束

财政收入绝大部分来源于税收，因此，在财政预算约束下的政府补贴资金的来源和流向渠道受到政府收入、支出的影响，其运转必须遵循规定的程序并接受公众的监督，对公众负责。这意味着无论是直接补贴还是间接补贴①，顺畅的政府的资金来源渠道及运转方向都是保障政

① 我国政府对养老服务机构的财政补贴分为两个基本类型：一是直接补贴。即财政部门经过资金划拨形式对养老服务机构或老年群体直接进行补助。二是间接补贴。包括税式支出和土地房屋出让金的抵扣（或减免和优惠）等。其中，税式支出是指养老服务机构在建设和运营期享有的税收减免及税收优惠等政策。

府补贴机制顺利运行的先决条件。

目前，我国大多数养老服务机构政府补贴均采取两级财政体制，资金补贴也是属地化管理，市、区按1:1的比例匹配。但各区域的经济发展情况不同，财政负担能力也不同，对养老服务事业的支持能力的限度是不同的。例如，省会城市、经济发展的中心城区等区域，由于地区内土地资源紧缺、建设成本过高，许多养老服务机构只能建设在边远城区，如果还是按照同样的方法，补贴资金需要进行属地化的财政出资，那么边远城区的财政负担就会过重。而边远城区由于地理条件等的限制，在经济条件、交通等方面都不如中心城区，这会影响边远城区财政资金投入的积极性。因此，目前这种政府补贴的两级补贴体制成为养老服务机构政府补贴的一种约束。

6.1.2.2 社会资本的资金来源约束

养老服务机构的建设需要大量的资金，如果仅有政府投入，财政将无力负担，这就需要大量的民间资本投入，而民间资本的投入也正是市场化的必备条件。社会资金投入一部分来源于居民自有资金，另一部分则来自于银行或金融机构贷款。但目前，由于养老服务机构市场化水平不高，还处在起步阶段，居民将自有资金用于投资养老服务机构的热情不高。同时，由于行业资金回收期长、利润率不高，尽管国家出台一系列银行、金融扶持政策，但融资渠道依然狭窄，养老服务机构融资面临着巨大困难。一旦社会资本投入量不足，政府为了达到养老服务机构市场化的目标，就必须加大政府投资，进而增加了财政负担，对政府补贴机制的建立和运行带来挑战。

6.1.2.3 个人出资资金来源渠道

养老服务机构的建设经费主要来源于两个渠道：一是自筹资金，二是政府补贴。机构的运营收入也来自两个方面：一是政府补贴，二是服务收费。可见，养老服务机构的运营和发展，既需要政府补贴一部分，也需要进行服务收费，这两者是此消彼长的关系。从这一关系来看，同样是能够达到政府补贴的目的，那么在居民的收入越高、经济条件越好的情况下，政府补贴额度就越小。

政府在养老服务机构建设期、运营期给予了巨大的政府补贴，使得养老服务机构成本降低，收费标准保持在较低水平。例如，海门市对市内养老服务机构进行补贴，对每个新建的床位补贴 2500 元，除此之外，根据入住老年人身体状况的不同，在机构运营期间，按照每入住一人，给予 40～60 元不等的补贴，这使得养老服务机构可以降低一些收费标准，如 2013 年海门市三厂镇养老服务中心对每位老年人收入的入住费用在 700～1300 元不等的做法，其实，这样的标准，相对于床位建设成本而言并不高（姚兆余，2014）。但是，我国现阶段的老年人除了退休金之外，其他收入来源数量很少，收入仍然偏低，这对于养老服务的购买能力而言还是比较有限的，是制约养老服务机构发展的重要因素，对政府补贴提出了需求。

6.1.3 最佳资助金额条件的约束

在有财政进行补贴的条件下，只有在养老服务机构的运营至少不为亏损的状态下，才能维持其可持续发展。据广州市 2017 年的调查资料显示，广州市的养老护理员的收入大多在3000～4000元之间①，这个价格在当地没有优势，很多人宁愿选择住家当保姆。在全国收入较低的三、四线城市还更低，而且由于入住率、收费限制等问题，无论何种类型及规模的市场化养老服务机构，由于存在难以营利的普遍问题，这将意味着政府补贴并不是万能的，需要从根本上提升养老服务机构的发展能力。因此，政府对养老服务机构的补贴额度能否达到效率最优，能否促进养老服务机构自身能力的发展，是政府补贴的重要约束条件。

6.1.3.1　政府补贴手段的运用限制

从财政学的角度来分析，将财政资金用于补贴养老服务机构，具有收入再分配的性质，也处于政府财政分配的第二阶段，是转移性支出的一种。在这个过程中，政府将财政收入无偿转移给特定人群使用，本质上属于经济利益的再分配。同时，通过政府补贴的方式，影响养老服务机构的收费、成本等，将改变市场自然形成的相对价格体系，因而从某种意义上而言，补贴是政府进行经济调节的一种手段，这种调节产生对资源进行一定程度上的重新配置，从而改变人们的需求，进而影响市场供给，也直接影响了企业的利润水平，促使且随之调整养老服务产品的生产，进而改变供给结构。因此，政府补贴具有两面性，在有效调节经济的同时，也可能产生不利的经济影响，在运用该手段时，还只能起到辅助性作用。

---

① 数据来源：搜狐网：工资待遇低且社会地位不高是一个主要原因. https://www.sohu.com/a/163762228_642059.

6.1.3.2 政府补贴导致的资源使用效率问题

政府补贴在促进养老服务机构市场化发展时，还必须要考虑养老资源配置的合理分配问题。在有限的资源条件下，只能生产特定数量的养老产品和服务，这就决定了财政进行补贴时，必须着重考虑如何合理分配有限的养老资源，使公民享受到更多的社会福利。政府要采用政府补贴手段对养老服务市场进行调节，弥补市场失灵问题，可通过改变补贴总量和补贴结构，矫正养老产品和服务市场的不合理现象，引导社会资本投资方向，鼓励其生产养老服务产品，从而改变生产资源的配置，优化养老产业结构。

市场始终是资源配置的决定性因素，政府补贴也要遵循基本的市场规律。但实际上，政府将财政资金用于对养老服务机构的补贴，将直接增加财政负担，在国民收入既定的情况下将增加财政赤字，政府为了弥补或抑制财政赤字的过快增长，采用货币政策对其进行调节，可能增加货币投放，如此一来可能导致市场上货币供应量过大，物价随之上涨，居民的购买力再次下降，如此循环以后，政府补贴将无法达到预期的效果。而财政资金是有限的（刘向杰，2015），对养老服务机构进行补贴，必然要减少对其他部门的财政支出，这对资源的合理、有效配置不利，影响国民经济的正常发展。

总之，政府补贴并不是越多越好，必须在一定的范围内进行。如果政府补贴超过合理限度，就可能产生许多负面效应，使得补贴机制在实际运行中产生诸多问题，如扭曲了养老产品和服务的价值规律，违背了市场价值规律，用不合理的价格体系达到调控的目的，将掩盖养老服务机构的不合理经营的许多问题，也可能会造成机构盈亏的假象，这对养老服务机构的经营管理方式的改善以及市场公平竞争，对养老服务机构的健康、可持续的市场化发展都是非常不利的。

6.2 养老服务机构市场化运营的成本价格形成

养老服务机构市场化的财政补贴机制的构建，不仅与养老服务机构的政府补贴方式有关，而且与政府补贴的约束条件有关，同时还与养老服务机构相关成本价格形成有关，这些情况直接决定了政府补贴的方式与额度。与政府补贴相关成本价格的形成机制主要涉及建设和运营两个主要环节。公共经济学认为，根据商品价格取决于两个主要因素：一是定价主体，二是经营目标。从定价主体上来看，主要有两种定价方式：一是市场定价，即根据市场规律自发形成的价格水平；二是政府定价，即政府规定价格标准或限度，或者对价格实行管控措施形成的价格水平。

6.2.1 养老服务机构建设环节的价格形成

无论是政府出资、社会出资还是个人出资，养老服务机构的建设成本都是相对固定的。因为出资的方式并不能改变实际成本的发生，改变的仅仅是成本的承担主体，最终的成本额不发生改变。养老服务机构建设环节的主要成本与一般建筑成本基本类似，都包括土地成本、建设养老服务机构的前期开发费用、建安成本、由于借款等产生的期间费用、配套工程及附属基础设施（如交通、排水、照明）等，与其他建造物有差异的是，在倡导“医养结合”发展的背景下，养老服务机构还负担医疗设施配置费等，但是无论在哪种主体出资的情况下，均计入成本。

由于承担主体的不同，对于养老服务机构而言，在“公建民营”的方式下，养老服务机构的建设用地直接由政府划定并进行建设，在土地成本上按照估计价格计算，其他成本由实际发生的进行计算。此时的价格形成并不属于完整意义上的市场价格。

在“民办公助”的方式下建成的养老服务机构，由于民间出资，其建设成本受到整个市场规律的影响，养老服务机构建设环节的价格形成基本上采取市场定价，根据市场的运行规律决定的价格的形成。政府给予的银行贷款限期无息、贴息等扶持政策实际上是将部分成本进行转移，由政府承担。

而“政府购买”方式下的养老服务机构建设，可以是政府出资建设的，也可以是民间力量出资建设的，养老服务机构的建设成本分属上述两种情况，不再做具体分析。

6.2.2 养老服务机构运营环节的价格形成

养老服务机构的运营过程中，其运营成本价格形成机制中最重要环节就是定价，定价在很大程度上直接决定其收入和盈亏状况，也在一定程度上决定了政府补贴的额度，以及政府补贴的调整方式。

一般而言，市场竞争决定市场价格，但我国养老服务机构发展还处在初期阶段，市场化发展还很不成熟，养老服务供不应求，使得卖方在市场上占主导地位，由此而来的市场定价是不能对企业实际成本与经营状况做出真实反映的，在政策的影响下，其运营环节的价格形成不完全由市场决定。

如图 6.1 所示，养老服务机构产品与服务的价格通常都受到宏观的政策环境的影响。市场竞争对产品成本价格提出了要求，受到成本价格的限制，同时，市场竞争对消费者决策产生重大影响，最终决定了产品价格的形成。

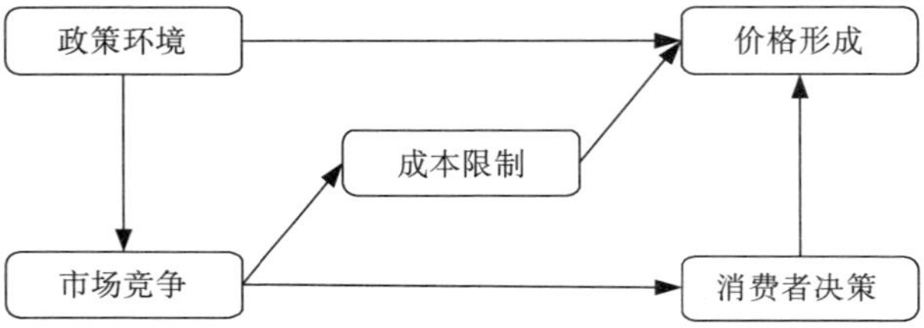

图 6.1　养老服务成本价格形成机制示意图

根据影响价格形成的方式，可将运营环节中的价格形成影响因素分为两大类，即内部因素和外部因素。其中，内部因素主要包括提供养老服务的成本（如员工工资、日常生活用品采购、设施运转和维护等），以及养老服务机构的经营目标（如利润最大化或者社会福利最大化等）。外部因素主要包括消费者的决策（如个人偏好、个人需求、支付能力等）、市场竞争（如行业竞争、企业间竞争等）、政策环境（如补贴政策、税收政策、管制政策等）。从服务定价机制来看，由于国家出台的多项政策措施，形成了一定的政策环境，影响到养老服务机构的成本和经营目标，在很大程度上决定了养老服务的价格形成。

6.3 不同市场化路径下的养老服务机构政府补贴模型

在政府补贴约束条件下，如果将养老服务机构的投资运营期视为一个整体，同时假定养老服务机构均能提供规范而标准的养老服务，这样在明确政府补贴具体标准以及养老服务机构价格形成的前提下，我们分别给出推进养老服务机构市场化的政府补贴调整模型。

6.3.1 “公建民营”型养老服务机构的政府补贴模型

“公建民营”型养老服务机构一般是由政府进行投资的，一般属于福利型或非营利型的性质，主要是一些较为特殊的老年人群体，如“三无”、五保、军烈属等，也包括一些经济困难的老人。因此，对其营利的追求不能过高。对“公建民营”养老服务机构政府补贴的总体原则是养老服务机构的运营不至于亏损，构建模型如下：

$$Y = C(1 - r) - \sum_{n=1}^{N} k_n p \quad (6.3.1)$$

其中，Y 为政府每年给予的补贴金额（单位：元）；c 表示运营者每年运营该养老服务机构的投资或运营成本，包括机构人员工资、老人生活用品费用，等等（单位：元）；r 为期望收益率，如投资者或运营者希望自己的投资在未来能够带来的收益率，$0 < r < 1$；p 为老年人需要交

纳的入住费用（单位：元/人·年）；K 为老年人缴纳费用的调整系数（一般按照老年人身体状况等级划分，如自理、半自理、不能自理等情况，这些情况不同则应收取的费用也不同，需通过调整系数的方法进行换算，确定其收费标准）；N 表示养老服务机构每年收住老年人的数量。

该模型体现了投资或运营者期望总收入与实际总收入的差值，Y 即为政府需要给予的政府补贴金额。当养老服务机构运营出现亏损，以至于养老服务机构的可持续发展无法进行时，政府应当对其进行补贴，补贴金额为 Y；当政府对养老服务机构的支持政策持续一段时间后，养老服务机构自身营利能力得到提升，能够达到盈亏平衡状态或实现一定的预期收益，即当 $Y<0$ 时，政府可不再补贴养老服务机构或将补贴额度降到最低点。需要说明的是，该模型中，养老服务机构由政府直接出资兴建，建设成本补贴不需要进行调整，因此建设成本在此模型中并未给出。

6.3.2 “民办公助”型养老服务机构的政府补贴模型

由于投资主体属于社会力量，“民办公助”养老服务机构既可以为非营利性，也可以具有营利性。同时，为了保证扩大再生产，“民办公助”政府补贴的原则是实现运营者能够获得其预期收益，构建模型如下：

$$Y=(I+C)(1+r)-\sum_{n=1}^{N}k_{n}p \qquad (6.3.2)$$

其中，Y 表示政府每年给予的补贴金额（单位：元）；I 表示该养老场所的建设成本，包括建筑土地费用、建筑材料费用等（单位：元）；C 为运营者每年的运营成本，其中包括机构人员的工资以及老人生活用品费用等（单位：元）；r 表示运营者的期望收益率，$0 < r < 1$；p 表示老人入住需要交纳的费用（单位：元/人·年）；k 表示进入养老服务机构的老人交纳费用的调整系数（因入住养老服务机构的老人身体状况各不相同，如有的老人生活能够自理，有的老人生活能部分自理，而有的老人完全不能生活自理等，都形成养老服务需求程度的较大差异。所以费用也会不同，需要通过调整系数对其收费标准进行换算）；N 表示养老服务机构每年收住人数。

模型（6.3.2）体现了市场投资或运营者期望总收入与实际总收入的差值，Y 即为政府需要给予的政府补贴金额。当养老服务机构运营出现亏损或不能实现既定的预期收益，以至于养老服务机构的可持续发展无法进行时，政府应当对其进行补贴，补贴金额为 Y；当政府对养老服务机构的支持政策持续一段时间后，养老服务机构自身营利能力得到提升，能够达到盈亏平衡状态或实现一定的预期收益，即 $Y < 0$ 时，养老服务机构不再需要补贴，或政府应降低对其补贴额度。

需要指出的是，在土地资源有限的情况下，土地成本不断上升，从空间上和成本上都难以满足养老服务床位建设的要求，在市中心地区则更为困难。因此，养老服务机构的“民办公助”，财政资金的支持方式应该从整体上进行考虑，而不能简单以床位数为标准进行建设、运营补贴，要从土地供给与资金投入、新建与改建、建设规模、服务等级、机构的档次等方面，进行综合的考量，区别对待，只有针对具体的情况实行级差扶持，重点扶持优质、发展潜力大的养老服务机构，才能促使其努力提高自身能力。

6.3.3 “政府购买”养老服务的政府补贴模型

处于购买服务的模式中，政府担当了资金补贴的承担主体，也是参与使用的主体，其用于购买养老服务的直接支出可直接视作政府补贴，因而其资金的运转不考虑营利能力问题。在这一阶段，政府补贴的额度遵循支出预算与实际支出相等的原则；同时，财政实际支出与补贴实际消费的额度相等，即达到财政预算、实际支出与实际服务消费的平衡状态，由此构建模型如下：

$$Y' = A_p = B_p \quad (6.3.3)$$

其中，Y' 表示政府购买（或采购）养老服务的预算（单位：元/年）；A_p 表示政府采购实际支出（或委托中介机构提供养老服务的消费金额；单位：元/年）；B_p 表示实际上被消费的养老服务。当三者出现不相等的情况时，应着重根据政府财力以及对所购买的养老服务质量评价，对政府补贴预算进行重新审视，找出政府购买效率低下或者养老服务机构提供养老服务不充足的原因，重新调整预算或者调整所采购养老服务的项目条款，使政府购买的预算（或采购）Y'、政府采购养老服务的实际支出（或委托市场中介机构提供养老服务的消费金额）A_p 以及实际被消费的养老服务 B_p 三者之间趋于平衡一致。

6.4 养老服务机构市场化运营的政府补贴模式

上文主要讨论了不同市场化路径下，三种养老服务机构政府补贴模型，以确定政府在不同市场化路径下的财政政府补贴总体规模。但在养老服务机构市场化运营的过程中，政府对养老服务机构进行补贴需要考虑的重点归根结底是必须要满足居民的养老服务需求。如果养老服务价格过高，社会公众不能承受，那么养老服务这一商品的有效需求将不足。因此，政府对养老服务机构进行补贴的实质是通过各种补贴政策和手段，使养老服务机构在以较低的价格提供养老服务的情况下能维持正常运营，而社会公众能以其能够承受的价格享受到养老服务。但是，如果政府长期对养老服务机构进行补贴，将可能导致养老服务机构对补贴产生依赖性，缺乏改进创新和降低经营成本的动力，市场活力不足等问题，产生道德风险或逆向选择行为。因此，必须将对养老服务机构的激励机制纳入到补贴机制中，将政府补贴本身视为一种激励设计，对那些努力降低成本、改善服务质量的养老服务机构给予更多补贴，而减少对那些补贴效果不明显的养老服务机构的补贴或不再进行补贴，这样才能激活其努力改进的动力。使政府补贴既能够维持养老服务机构的正常运营，提高养老服务机构提供服务的效率，又能使社会公众福利最大化，实现社会利益与养老服务机构的双赢。

如前文所述，养老服务机构市场化运营需要考虑多元投资主体，这些投资主体共同参与到养老服务机构的运营管理中来，不仅直接向养老服务机构注入资本，参与养老服务机构建设项目，还在养老服务机构运营管理过程中发挥作用，这在实际上构成一种多元主体参与的运营管理投融资模式。这种投融资模式不仅能够引入大量的社会资金，而且还能够通过社会投资主体参与运营管理，将先进的管理理念和经验引入到养老服务事业中来，实现政府和社会投资主体合作的双赢局面。在这种投融资模式中，由于养老服务项目具有准公共产品的性质，因此这类项目的营利空间有限，且前期投资较大，投资回收期长，经营风险较高，很可能面临着经营困难或亏损的局面，导致社会投资主体不愿意参与该项目或参与程度较低，需要政府进行补贴在其困难时期维持其正常运转，让养老服务机构或投资者能过获得一定的收益，才能将更多社会投资主体吸引到养老服务项目中来，扩大养老服务项目资金来源，降低投资风险，提高政府融资的效率。此外，还能提高政府财政资金的使用效率，在政府财政资金有限的条件下，最大限度上满足社会对养老服务产品的需求。在多元主体参与的投融资模式下，政府补贴模式可以分为养老服务机构的建设期补贴模式、养老服务机构的经营补贴模式和养老服务机构的混合补贴模式三种，不同的政府补贴模式，其成本、服务价格、投资风险等因素的构成和运作将有较大差异，下面将这几种模式分别进行分析，并引入具体的算例进行进一步探讨。

6.4.1 养老服务机构的建设期补贴模式

养老服务的建设期补贴模式是指在养老服务项目的建设期，政府投入一部分资金，其余资金来源主要由两个部分组成：一是投资主体的自有资本；二是在投资主体自有资本不足的情形下，以项目作为担保，向金融机构进行债务融资，并投入到养老服务项目的建设中。在这种投融资模式实质上是一种以政府为主导的负债型的投融资模式。在政府的主导下，赋予社会投资主体一定的特许经营权，事先签订协议确定各类投资主体的建设质量、规模标准以及决定项目总投资及其所产生的经济效益水平，据此，政府采用标准成本的方法，事前对养老服务机构进行一次性的定额补贴，主要方式包括土地划拨、财政支持或税收优惠政策等。在这种模式下，政府对养老服务项目建设期的投资额较大，需要有相关法律法规的管制和约束，才能保障政府资金的合理使用。但目前我国这方面的法律法规还不完善，采取这种补贴模式可能导致社会各类投资主体的寻租或投资不合规等不良行为。

为便于分析和计算，同时就养老服务项目的特点，提出以下几种假设：

（1）项目由政府发起，政府对该项目进行一定的资金投入，并且只有一个市场（企业）投资主体参与该养老服务项目投资和建设。因此，该项目投入的资金由为市场（企业）投资、金融机构（企业）融资和政府（财政）补贴投资这三部分组成。

（2）政府与市场投资主体签订长期的特许经营协议，并对该养老服务机构进行一次性补贴，以保障该养老服务机构能够长期向公众提供该养老服务产品。

（3）假设在项目的投资建设和运营期内，不存在通货膨胀及外汇市场的波动。

令养老服务项目的总投资为 T，政府投资比例为 β，市场投资主体投资为 $T(1-\beta)$；合作运营期限为 n 年。养老服务项目的价值用对该项目未来预期净现值的折现来衡量，因而可用项目融资理论来计算项目的实际价值。将政府允许的养老服务机构预期收益率视为折现率，计算项目合作运营期的政府补贴金额。考虑到上述约束条件，即可计算出满足投资者最低资本投资回报率的养老服务价格。计算过程如下：

假设某一养老项目除政府补贴外，剩余资金中，市场投资主体自有资本的比例为 α ，其余为市场金融机构融资的比例；假设市场投资主体与政府达成的资本回报率为 K_i ，K_i 同时也为投资方的机会成本，即最低期望收益率，这样，当金融机构融资的比率为（$1-\alpha$），L 为融资利率的加权平均值时，该项目的投资加权成本为：

$$C_i = K_i\alpha + L(1-\alpha) \qquad (6.4.1)$$

假设该项目初始投资为一次性资金投入，设 T 为项目的初始投资金额；β 为财政转移支付对项目的补贴比例，则通过融资的市场资本的总投入 $T=(1-\beta)$；C_t 作为投资方的机会成本或者最低期望收益率；N 为投资回收期；第 t 年该项目的运营收入为 CI_t ，$CI_t = p_t q_t$ ，p_t 为公共产品收费价格，q_t 为养老机构提供的产品数量；项目的付现成本为 CO_t ，即维护与经营管理该项目的成本之和；则第 t 年的净现金流 $NCF = CI_t - CO_t$ ，其中以 i_c 为折现率，u_c 为保留效用，那么 u_c 的大小取决于政府与项目投资主体谈判的均衡结果，那么用该项目投资减去政府投资补贴后，现值为：

$$\text{NPV} = -T(1-\beta) + \sum_{t=1}^{N} \frac{CI}{(1+i_c)^y} \geqslant u_c(2) \qquad (6.4.2)$$

如果政府有强有力的谈判能力，则可以保留效用为0，此时折现率 i_c 就等于该项目财务内部收益率，同时等于该项目的加权资本成本 C_t ；此时方程可变为：

$$\mathrm{NPV} = -T(1-\beta) + \sum_{t=1}^{N} \frac{p_t q_t - CO_t}{(1+i_c)^t} = 0 \qquad (6.4.3)$$

st：
$$i_c = C_i \qquad (6.4.4)$$
$$p_t \leqslant b \qquad (6.4.5)$$

b 为社会承受能力，p_t 为养老服务的价格。

求解（6.4.1）（6.4.3）（6.4.4）（6.4.5）方程，可以发现政府的投资比例 β 与消费者的承受价格 P_t 、项目的加权成本 C_t ，金融机构的贷款比 $1-\alpha$ 、贷款利率的平均值 L 密切相关。

6.4.2　养老服务机构的经营补贴模式

经营补贴或运行期补贴模式是指社会投资主体利用企业自有资金、金融机构贷款等方式，自行参与养老服务机构的建设，政府则对该养老服务机构的建设和运营提供服务的数量、质量以及效率等指标进行考核，在养老服务机构的经营期间进行价格补贴的模式。由于经营补贴模式的主要目的需要考虑到满足社会对养老服务需求的持续性，因此政府可根据养老服务机构市场化运营的标准成本、预期收入以及运营成本的变化趋势，确定对养老服务机构补贴的期限和金额标准。这种补贴模式需要政府具有较高的信用等级，使社会投资主体信任政府能够按照合同协议对养老服务机构进行补贴，持续为社会投资主体提供合理的收益保障。因此这种补贴模式将使政府能最大限度地利用社会各种渠道的资金来满足具有更多养老服务的需求。

与建设补贴模式相同，假设经营补贴模式养老服务项目的总投资为 T ，政府不再对项目的建设期进行投资，而由社会主体自行投资建设；政府按照服务年限对养老服务机构实行年度补贴总额（ N 表示年限）。由于养老项目的价值可看作是对项目预期净现值的折现，同样可以用项目融资理论来计算项目的实际成本，据此计算出满足投资方实现最低资本和对应投资回报率的服务价格，也可以计算出在该服务价格下，政府应对该项目进行财政补贴的总额。

假设在某一养老服务项目投资过程中，初始建设投资全部由社会各类投资主体自行进行筹集，社会投资主体自有资本的比例为 α ，其余部分由投资主体向社会进行融资；投资主体与政府达成的资本回报率为 K_i ，同样地，K_i 也为投资方的机会成本或最低期望收益率；融资的比率为 $(1-\alpha)$ ，L 为融资利率的加权平均值；则 C_t 即为项目的加权资本成本，如公式（6.4.1）。

假设初始投资为一次性资金投入；设 T 为该项目的初始投资；i_c 投资方的机会成本或最低期望收益率；N 则表示成了投资回收期；第 t 年项目的运营收入为 CI_t ，$CI_t = (p_t + p_x)q_t$ ，p_t 为公共产品收费价格，p_x 则为政府补贴的价格，q_t 为养老机构提供的产品数量；付现成本为 CO_t ，即维护与经营管理成本之和；则第 t 年的净现金流 $NCF = CI_t - CO_t$ ，令 i_c 为折现率；u_c 为保留效用，并且 u_c 大小取决于政府与市场各类投资主体谈判之结果，那么该养老项目的现值 NPV 变为：

$$\mathrm{NPV} = -T + \sum_{t=1}^{N} \frac{CI_t - CO_t}{(1+i_c)^t} \geqslant u_c \qquad (6.4.6)$$

倘若政府的谈判力度足够强，则保留效用为 0 ，此时折现率 i_c 就等于该项目财务的内部收益率，也即为项目的加权资本成本 C_t ；此时方程变为：

$$\mathrm{NPV} = -T + \sum_{t=1}^{N} \frac{(p_t + p_x)q_t - CO_t}{(1+i_c)^t} = 0 \qquad (6.4.7)$$

$p_x q_t = S_t$ ，S_t 为每年财政对养老服务机构的补贴，为简化运算，在此令每年的财政补贴为基年补贴定额 S ，公式（6.4.7）则变为：

$$NPV = -T + \sum_{t=1}^{N} \frac{p_t q_t + S - CO_t}{(1 + i_c)^t} = 0 \tag{6.4.8}$$

st：

$$i_c = C_i \tag{6.4.9}$$

$$p_t \leqslant b \tag{6.4.10}$$

b 为社会承受能力，p_t 为养老服务的价格。

求解方程（6.4.1）、（6.4.8）、（6.4.9）以及（6.4.10），可知政府的每年补贴 S 与养老服务的价格 p_t 、项目的加权资金成本 C_t ，即投资主体的资金比例 α 、金融机构的融资比例 $I - \alpha$ 、融资利率平均值 L 密切相关，因此使得政府与社会各类投资者的交易谈判变得相对容易。

而后补贴模式的运营收入 CI_t ，由养老服务收入和政府价格补贴收入这两部分组成，通过投资的净现值计算，得到每单位养老服务的市场出清价格，同时，该市场出清价格由服务的价格和政府补贴价格共同组成。在此市场出清下，服务价格由政府及企业根据市场的接受能力进行估计和定价；政府根据养老机构的市场出清价格与服务价格的差额来进行补贴。一般而言，合同期内政府每年的补贴额度等同于市场出清价格 p 与政府定价 p_t 的差额与服务的数量的乘积。为了方便管理，通常假定政府的补贴在一定期限内固定（为基期补贴价格与养老服务的最大数量乘积）。

从养老机构运营的角度来看，倘若外部经营环境不变，政府的长期承诺是为运营企业（机构）提供长期稳定的一种激励机制；但需要在特许期限中加入调整机制，如每隔一定的年限，政府重新对养老机构的收入与运营成本进行核算，如果运营企业（机构）获得了超额利润，那么政府应严格约束补贴费用；相反，如果市场运营状况不佳，在养老服务机构不得不降价运营的情况下，政府则可以适当放宽或调整补贴费率，以维持其正常的收益水平。上述运营的年限以3 ~ 5年为宜，并可在一定程度上降低养老机构经营成本，减少政府的监督成本，避免了政府与养老机构间为了取得补贴额度而讨价还价的成本。

6.4.3 养老服务机构的混合补贴模式

混合补贴是指政府根据财力状况，在养老服务项目建设期，与养老服务项目市场投资主体进行谈判，政府在养老服务机构的建设期投入一定的补贴，同时也在养老服务机构的经营期，按照服务成本、交易成本、以社会能承受的价格对其进行一定的补贴。这种补贴以养老服务机构提供的服务数量和质量为基础，对养老服务产品进行价格补贴，以降低养老服务机构对社会公众收取费用的标准。

混合补贴的前提假设与前两种模式大致相同。假设养老服务项目的总投资为T，地方政府投资比例为β，多元投资主体投资为$T=(1-\beta)$；合作运营期限为N年。用项目融资理论进行分析，使社会资本投资要求的收益率与政府谈判形成的养老服务机构预期收益相一致，把投资成本看作折现率，在此约束条件下，计算出满足投资者最低资本的投资回报率的补贴价格。

假设某一养老项目投资主体投入资本的比例、资本回报率、融资比率、融资利率与前述的相同，则该项目的加权资本成本与公式（6.4.1）相同。

设T为项目的初始投资；β是财政转移支付对项目的投资资金补贴比例；i_c为投资方的机会成本或最低期望收益率；B为投资回收期；第t年该项目的运营收入为C_t，

$CI_t = (p_t + p_x)q_t$，p_t 为公共产品收费价格，p_x 为政府补贴的价格，q_t 为养老机构提供的产品数量；付现成本 CO_t 为维护与经营管理成本之和；同样，第 t 年的净现金流 $NCF = CI_t - CO_t$，其中以 i_c 为折现率，u_c 为保留效用，其大小取决于政府与投资主体谈判的结果。则该养老项目社会投资主体投资的现值为：

$$\text{NPV} = -T(1-\beta) + \sum_{t=1}^{N} \frac{CI_t - CO_t}{(1+i_c)^t} \geq u_c \quad (6.4.11)$$

若政府的谈判力度够强，则保留效用为0，此时折现率 i_c 就等于项目的财务内部收益率，此时方程变为：

$$\text{NPV} = -T(1-\beta) + \sum_{t=1}^{N} \frac{(p_t + p_x)q_t - CO_t}{(1+i_c)^t} = 0 \quad (6.4.12)$$

假设以基期补贴价格 p_0 来替代每年的补贴价格 p_x，基年养老服务的最大数量 q_0 替代每年最大服务数量 q_x，以 S 表示每年补贴的数额。

令 $p_x q_t = p_0 q_0 = S$，则公式（6.4.11）变为：

$$\text{NPV} = -T(1-\beta) + \sum_{t=1}^{N} \frac{p_t q_t + S - CO_t}{(1+i_c)^t} = 0 \quad (6.4.13)$$

st： $\mathrm{i}_c = C_i$ （6.4.14）

$\mathrm{p}_t \leqslant b$ （6.4.15）

b 为社会承受能力，p_t 为养老服务的价格。

求解（6.4.1）、（6.4.13）、（6.4.14）和（6.4.15）并联立方程，可得政府对养老服务机构的前期投资、运营期补贴、养老服务价格、社会资本投资回报率这几者之间的关系。在这种约束关系之下，既能够保证社会投资主体的投资收益，也能够实现社会福利最大化的目标，从而为政府补贴养老服务机构建设和运营项目提供决策依据。

6.4.4 政府补贴下的养老服务机构市场化运营算例

某市利用“公建民营”的方式新建一所同时能够提供收养服务、康复理疗服、医疗服务等多功能的养老服务机构，该项目由政府在前期提供一定的资金补贴，将特许经营权赋予某民营企业，并与该企业签订合同，规定经营年限为15年。该项目的计划总投额为4544.2万元，项目的计划融资额为1000万元，年利率为8%，项目建设用地共15亩，每亩土地使用费为30万元，共计450万元，总建筑面积为20700平方米，设计床位300张。建安费用3382.50万元，固定设备费用711.7万元。当项目进入运营期，其成本估算具体为：人工工资平均为2800元/月/人，养老服务机构共有25名工作人员，每年该机构的人工工资共84万元；入住老人人均消费（含入住餐饮）6000元/年，年总费用180万元，设备维护及其他费用30万元，年成本294万元。床位费用1274元/月/人，共收入458.6万元。假设按以往的经济周期规律，物价和建筑成本将按一定时期平均增长率上涨，但为便于计算，将社会主体的投资和政府补贴额中由于物价和建筑成本上涨的部分进行剔除。依据政府的前期投资比例β、政府每年的补贴S、民营投资主体的资本回报率K三者之间的关系：$\text{NPV} = -T(1-\beta) + \sum_{t=1}^{N} \frac{p_t q_t + S - CO_t}{(1+i_c)^t} \geq u_c$，令$u_c = 0$，根据例证描述可得：

$T = 4544.2$

$N = 15$

$p_t q_t = 180 + 458.6 = 638.6$

$CO_t = 84 + 30 + 294 = 408$

带入公式（6.4.16）得：

$$-4544.2(1-\beta) + \sum_{t=1}^{N} \frac{638.6 + S - 408}{(1+i_c)^t} = 0$$

式中，$0 \leqslant \beta \leqslant 1$

假设资本回报率高于融资利率 8%，低于社会平均利率；我们设定在：$8\% \leqslant i_c \leqslant 50\%$，经过 matlab 运算，计算结果值如图 6.2 所示。

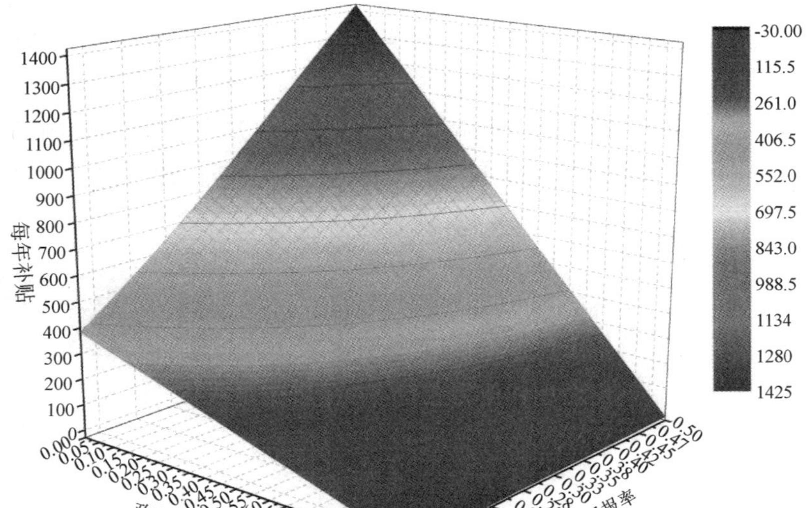

图 6.2　算例图

上述三种补贴模型以政府补贴养老服务机构的长效激励为目标，充分考虑了资金的时间价值与经营风险，针对养老服务机构的服务质量和效率问题，本书提出了适于长期契约下的社会资本参与社会养老机构运营管理与补贴模式，以此为基础，在一个相对稳定的经营周期内，本算例的分析对未来养老服务机构的各种经营数据预测具有较高的准确度。

根据我国到2020年养老服务全面放开的政策走势①，通过市场主体参与养老服务机构建设与运营的市场份额也会逐渐加大，因此可考虑采用事前交叉补贴模式，这种模式的核心就用非主营业务收入，对养老服务机构的经营业务进行其他方面的补贴，如赋予养老机构周边土地商业开发权等，形成养老服务经营的规模经济和产业化。这种补贴模式的优势在于：一是不需要政府直接承担补贴资金；二是在项目建设初期或者规划期，政府对项目就已经建立起长期的、可信的激励机制。但是这种模式也有一定的限制，如政策的制定和实施都会受到政治周期的影响，因此，以政府与企业签订正式契约的方式、将政府与企业之间的权责利划分明确固定下来是这种补贴模式下，项目成功建设的关键。

① 资料来源：国务院办公厅《关于全面放开养老服务市场提升养老服务质量的若干意见》［国办发〔2016〕91号］。

7. 养老服务机构市场化的政府补贴机制的构建与调整

考虑到养老服务机构政府补贴的约束条件和补贴模型，结合政府补贴手段与方法，一个完善的养老服务机构政府补贴机制还需在政府管制的条件下进行（如收费价格管制等），同时对机制进行评估和调整，以保障其正常运行。

7.1 养老服务机构市场化政府补贴机制的构建

7.1.1 构建养老服务机构市场化政府补贴机制的原理

政府对养老服务机构进行补贴是有限度的，必须保证政府财力支持的可持续性。政府补贴机制是指政府对养老服务机构进行补贴的整个工作系统，包括多个组成部分，每个组成部分之间的相互作用、这些组成部分运行的过程和运行方式也是机制的重要体现。政府补贴机制要解决的是用什么补、怎么补、补多少的问题。

一般而言，对于“公建民营”型养老服务机构，政府不仅需在投资建设期进行全额投资，且须在运营期进行运营补贴（包括固定床位费补贴、定向服务项目补贴等）。

而对于“民办公助”型养老服务机构，政府可根据约定条款，选择在投资建设期进行部分补贴（主要为间接补贴），以减轻养老服务机构在建设期的投资成本，同时在运营期进行运营补贴；也可以在建设期不进行补贴，而在运营期进行补贴。该政府补贴的目的是对养老服务机构在投资期和运营期这两个阶段进行成本补偿。

针对政府购买养老服务，应在财政预算约束下，委托符合条件的承接主体（主要包括养老服务机构、护理人员职业培训机构、养老服务评估机构等）提供养老服务，政府补贴形式主要是将费用支付给承接主体，可以是一次性支付，也可以是分期支付。购买养老服务的项目内容，可以是居家养老服务，也可以是社区或者养老机构提供的养老服务，还可以包括对养老服务人员的培训、养老服务质量评估等①。

7.1.2 养老服务机构市场化政府补贴机制的构建

在构建原理的基础之上，政府对养老服务机构的补贴机制可以划分为以下几个相互联系的部分（如图 7.1 所示）。

第一，政府补贴资金的来源。主要包括直接的财政支出，即以财政拨款形式直接补贴到受益者。间接的财政支出，包括税式支出、土地行政划拨、股权转让等方式呈现的政府让利行为，直接导致政府财政收入减少。

第二，政府补贴的环节和方法。补贴环节主要是指养老服务机构的价格形成过程中的各个环节，主要包括政策环境、市场竞争、成本限制、消费者决策等。补贴方法主要有两种，政府直接补贴供给方或者政府直接补贴需求方。

第三，政府补贴的标准。制定补贴的标准需要考虑许多因素，尤其是考虑地方政府的财政能力，以及当地的养老服务机构的发展水平。

第四，政府补贴对养老服务机构发展的评估结果与反馈。

① 资料来源：财政部等部委：《关于做好政府购买养老服务工作的通知》（财社〔2014〕105 号），2014 年 8 月 26 日。

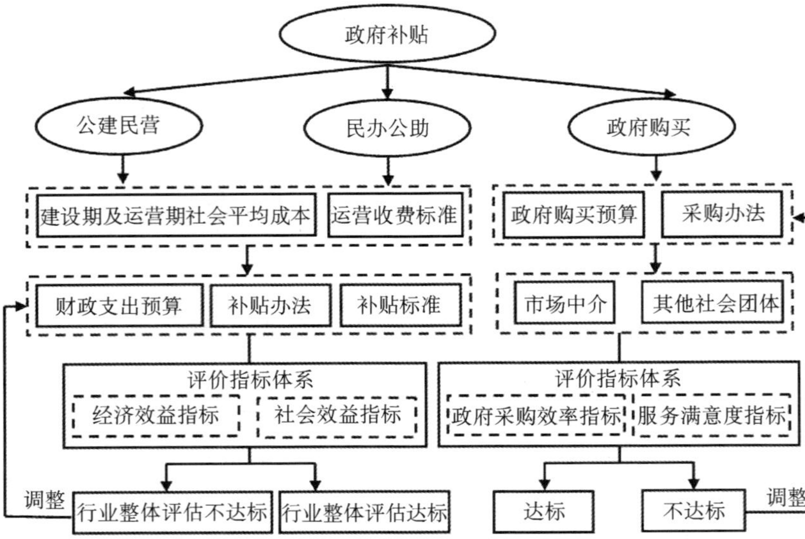

图 7.1　养老服务机构市场化的政府补贴机制图

政府补贴机制的运行是一个持续性的过程。第一，政府补贴的资金来源是实施政府补贴的财力保障，价格形成机制是政府顺利进行补贴的重要前提。第二，补贴标准还与价格机制有关，补偿机制得以正常运转的关键是要确定补偿方法，是直接补贴供给方还是直接补贴需求方，其价格机制和评估方法是有很大差异的。第三，对养老服务机构服务进行评估，将评估结果反馈给政策，这种反馈结果是政府进行补贴以及调整的依据，因此评估环节的运作直接影响到其他环节的运行。

7.2

养老服务机构市场化政府补贴的评估机制

评估机制既是政府补贴机制的重要组成部分，又是一个独立运行的制度体系。养老服务机构补贴机制不完善，在运行过程中可能产生许多问题，为全面反映这些问题，为政府决策提供依据，需要建立科学的评估机制。评估机制中最关键的环节就是评估指标体系的建立和确定，因此必须根据一定的原则，建立科学、合理、可行的评估指标体系，在此基础上建立的评估机制才能顺利运行。

7.2.1 评估指标体系设计的原则

鉴于政府对养老服务机构补贴的不同环节、方法以及相应的标准，我们认为，建立政府对养老服务机构补贴的效应评估指标体系应当坚持以下基本原则：

第一，科学性原则。指标体系的选择能够体现补贴的合理性和科学性，力求全面，对政府补贴机制进行综合、系统的评价，能从不同侧面反应机制的运行效果。因此，指标的选择、指标体系权重都应当采取科学的方法进行确定，数据的选取和计算也应当以科学理论为依据。

第二，可比性原则。不同的政府补贴方法与标准，产生的效应可能不一样，对这些效应进行有效评估，是设计指标体系的主要目的。在指标的选择上，首先要选择一个统一的评估口径，应尽量选取具有共性的综合指标。此外，还要保证数据资料的可获得性，明确指标的具体含义，这样才能保证评估结果的可比性。

第三，全面性原则。政府补贴效应本身涉及面广，政策性较强，评估指标体系的设计也应当考虑全面，才能对社会效应和经济效应进行大范围、多层次的反映，在突出重点的前提下，力求全面，以求能够从不同角度和层面，进行全面评估。

第四，可持续性原则。一是养老服务机构的发展是一个持续性的过程，不仅要考虑当前的经济效益，还要考虑长期稳定性问题；二是对各种资源使用的可持续性；三是政府补贴的资金承受能力和来源的可持续性。

7.2.2 养老服务机构市场化政府补贴的评估指标的确立

政府在不同环节进行补贴，也可能会产生不同的效应。为对政府补贴资金的有效使用进行监督，必须建立相应的评估指标体系来对补贴效应进行评估，以求付出最小的成本并取得最大的补贴收益。对于补贴政策的效应，可以采用多层次指标体系和多因素分析方法，还应依据各类指标对补贴效果的影响程度，确定权重系数，再计算加权平均值，才能得到客观、公平、合理的评估结果。在综合评估过程中，还应当坚持一定的原则，如尽量减少人为因素的干扰，评价指标以定量为主，定性为辅，将定量与定性相结合等。采用定量方法计算基本得分，采用定性方法弥补定量分析结果的不足①。

① 社会保障政府绩效与评估指标体系［J］．中南民族大学学报（人文社会科学版），2007，01：115－119.

从评估的标准上来看，有分析认为，可以采用“4E”标准进行评估，“4E”是对经济、效率、效果、公平四个词语缩写的简称。按照这样的标准，在对结果进行评估的同时，也对过程进行了考核。政府补贴养老服务机构，归根结底是促进其发展。养老服务与其他产品有很大区别，其他产品的生产过程和供给可能是分离的，但养老服务的生产与供给环节是同一过程或紧密关联，因此不能仅仅对结果进行评估，还必须要加强对服务过程的监管和考察①。

从政府对养老服务机构进行补贴产生影响的不同层面，可将效应分为经济效应和社会效应两个方面。其中，经济效应包括：对投资主体、养老服务机构、老年群体等产生的经济影响。社会效应主要是指从社会的角度来评估补贴对整个社会产生的整体效应，包括促进社会公平、增加就业人员数量、公众的满意度、可持续发展能力等方面。根据上述基本思路和基本原则，建立如下政府对养老服务机构补贴的效应评估指标体系（见表 7.1）。

表 7.1　政府对养老服务机构补贴的效应评估指标

补贴效应影响层面	衡量指标（权重）	总分	总权重
投资主体	投资主体的数量	10	0.2
	社会主体投资额度的比例	10	
养老服务机构	养老服务机构增加的数量	10	0.3
	养老床位增加的数量	10	
	养老服务项目的增加	10	

① 李春，王千．政府购买养老服务过程中的第三方评估制度探讨［J］．中国行政管理，2014（12）．

续表

补贴效应影响层面	衡量指标（权重）	总分	总权重
老年群体	获得补贴的数额	10	0.3
	补贴发放的时间	10	
	可获得补贴的渠道个数	10	
社会	对社会公平的影响程度	5	0.2
	就业人员数量的增加	5	
	社会对养老服务机构的满意度	5	
	可持续发展能力增强程度	5	

注：评价分数总分为 100 分，每个评价指标最后得分 = 评分等级×总权重。

按照表 7.1 的评估指标体系对政府补贴效应进行评估，根据评估的结果，找出导致目标结果产生偏差的关键性问题，对补贴机制进行调整，再对调整后补贴机制运行的结果进行评估，如此循环往复，以求能够最大限度地使用政府财政资金和各种社会资源，增进社会福利。

7.2.3 养老服务机构市场化政府补贴的评估机制的建立

从评估的对象上来看，对“公建民营”和“民办公助”养老服务机构补贴的评估指标应分为两个层次（于凌云，2015）。

第一，根据养老服务机构政府补贴金额、投资或运营成本及养老服务的收费情况，从成本收益的角度，整体上评估养老服务机构是否盈亏平衡或实现一定收益的预期目标。如果养老服务机构没有达到预期目标，则可根据需要对政府补贴方式、方案进行调整。

第二，在达到预期目标的基础上，可对养老服务机构市场化政府补贴的其他指标进行深化评估（或再评估），主要包括经济效应和社会效应两个部分的评估：一是对项目的经济效应进行整体评估，评估内容包括硬件设备和人员配备情况、床位入住率、服务收费项目与服务质量的匹配度、老人对服务项目的满意度等；二是对政府补贴所产生的社会效应进行考察，考察内容主要包括政府补贴的公开透明度、基本养老服务的均等化程度以及社会公众满意度等。

而对于“政府购买”型养老服务补贴机制的评估，则可不考虑养老服务项目承接主体的自身营利能力问题。因此评估指标体系内容主要考虑“政府购买”承接主体的服务质量、服务效率、老年人满意程度等内容。由于享受入住养老机构的老年群体是养老服务的直接接受者，他们对于养老服务的各方面体会最为深刻，应当以老年人的满意度作为评估的主要指标。

从评估的主体来看，可由多方主体如社会、机构、政府、老年人等对“政府购买”养老服务进行效果评估，尤其是老年人的满意度评价。但老年人作为评估的主体，在需求表达方面可能会有所欠缺，在利益维护等方面可能处于弱势地位，在对其进行的满意度的测量方面，得到的结果可能科学性不够，尤其是在失能老年人、患有影响表达能力疾病的老年人群体方面，甚至可能得不到评估的结果。这时可以借助专业评估等第三方力量，对某些指标进行科学的量化，研究出更优化的评估指标体系和模型，并运用于实践当中。如山东潍坊市民政局就实行第三方养老评估机制，由第三方对申请养老服务的老年人进行全面评估，将评估结果反馈给政府，再由政府选取养老服务的补助对象。

从评估方式来看，在传统模式下，政府部门直接提供养老服务，包办了许多并不擅长的事情，在模式转变后，采取招标和委托的方式，交由专业的养老服务生产者进行养老服务生产，由其直接提供给服务需求者。这时，需要选择专业评估机构对其进行全面的评估，评估的内容涵盖整个服务提供的流程，可分为需求评估、过程评估和结果评估三个方面。为了促进养老服务提供者之间的充分竞争性，同时也要保证评估机构的权威性，需要建立一个强大的数据库，方便查询养老服务提供主体的各种信息，以及可以查询第三方评估主体相关信息。此外，还需要提高社会组织、市场组织的参与积极性，对他们进行引导和培育，促进“政府购买”养老服务政策的稳定性和可持续性。

7.3 养老服务机构市场化政府补贴的调整机制

为了推进养老服务机构市场化，保证经济社会健康稳定发展，政府可用财政手段，以无偿的形式对养老服务机构市场化过程中出现的公共产品、信息不对称以及外部性等方面的问题进行补贴，使养老服务市场的发展处于良好状态。但政府补贴不是万能的，其产生的各种积极效应也有可能随着时间的推移、养老服务机构具体的发展状况的改变而减弱，甚至出现消极的负面效应。

如果补贴对象的承受能力逐渐加强，接近甚至已经达到了平衡状态，减少了对政府补贴的需求，那么理应减少政府补贴，最后完全退出，让养老服务机构在市场中自然运行。因此，从长远来看，政府补贴只是作为临时性措施，是调节经济的辅助手段。为防止养老服务机构的政府补贴出现此类效应，需要有相应的调整机制对补贴额、补贴方式的调整。

对于“公建民营”和“民办公助”两种模式，可先结合养老服务机构行业整体的盈亏平衡点，按照设定的评估指标体系的内容，依据既定的补贴标准和办法，分别对投资运营成本、运营收入等方面进行评估；再依据评估结果，结合预期目标进行政府补贴的动态调整和优化，以促进养老服务机构可持续性的健康发展。

针对“政府购买”型的养老服务，则重点考虑承接主体提供养老服务的质量、老年消费群体多元化的消费需求与适应情况，展开对养老服务满意度的评估，并根据评估结果，结合政府补贴预期目标和预算约束，对承接主体的选择、补贴方案等进行调整和优化，以达到提高养老服务质量和入住养老机构的老年群体满意度的双重效果。

7.4 养老服务机构市场化政府补贴的激励机制

按照“十三五”规划的养老服务体系（设施）建设要求，到2020年，为进一步完善养老服务体系，实现这一目标，中央和地方将共同筹措资金。因此，养老服务机构市场化政府补贴的资金来源一般分为两个层面，一是中央财政资金，二是地方政府财政资金。从微观层面来讲，需要考察所有政府补贴对养老服务机构的补贴产生的各种效应，并对其进行评价和调整。从宏观层面来讲，推进养老服务机构市场化发展的主要目的还是建立完善的养老服务体系。由于各地区老龄化程度、经济发展水平的差异，其地方政府在支持养老服务机构市场化发展的能力有所不同。中央财政补助很多资金给地方政府。为全面建立完善的养老服务体系，扩大养老服务机构市场化发展的竞争范围，需要在政府对养老服务机构补贴微观层面效应的评价基础上，形成各地区相互比较和竞争的局面，真正让财政资金落到实处。提高地方政府支持养老服务机构发展的动力，需要建立有效的激励机制，推动各地区养老服务体系发展。

激励机制主要解决的问题是：如何避免各地方政府动力不足，过度依赖中央财政补助的问题，即如何采用科学的激励办法或激励的制度设计，激励地方政府积极性，努力解决养老服务机构发展过程中遇到的各种难题，推动养老服务机构市场化。因此，如何对地方政府工作进行评价，给予绩效更佳的地方政府财政更多补贴，进一步发展养老服务机构就显得尤为重要。

2016 年 12 月，国家发展和改革委员会等有关部门出台相关文件，制定了全面而详细的养老服务机构中央财政补助激励支持办法。按照中央补助激励支持考核内容的不同，分为中央预算内投资支持和福利彩票公益基金支持领域两大类，并分别建立了不同的评价指标体系和评价方法①。

中央预算内资金主要投资于老年养护院、荣誉军人休养院、符合要求的医养结合养老设施、光荣院、特困人员供养服务设施（敬老院）、支持配置设备包等项目。主要

① 资料来源：国家发展和改革委员会、财政部、民政部关于印发《养老服务体系建设中央补助激励支持实施办法》的通知（发改社会〔2016〕2776 号），http：//www. gov. cn/xinwen/2016 – 12/30/content_5154994. htm。

评价指标和评价方法见表 7.2。

表 7.2　　中央预算内投资激励支持评价指标体系

项目	评价指标	考核内容	权重
指标 1	每千名老年人拥有的养老床位数与全国平均值（30）的比例	养老服务体系健全完善情况	0.2
指标 2	养老床位中护理型床位比例	考核养老服务资源结构合理情况	0.2
指标 3	本地区民办养老机构数在养老机构总量中的占比情况（含“公建民营”项目）	社会力量参与程度情况	0.2
指标 4	前两年建设项目完工率	项目实施进展和完成质量情况	0.2
指标 5	当年建设项目开工率	项目前期工作成熟情况，以及配套资金落实情况	0.2

资料来源：国家发展和改革委员会、财政部、民政部关于印发《养老服务体系建设中央补助激励支持实施办法》的通知（发改社会〔2016〕2776 号）。

在此基础上，首先将各地的评价系数计算出来，满分 50 分，再计算出各地的具体分值。计算公式为：

各地分值 = 各地评价系数/评价系数最高值 × 50

福利彩票公益金支持的主要目的是要促进养老服务设施的建设，如增加护理型的养老机构以及民办养老机构的床位，提高社区居家养老服务的覆盖率，提升养老服务质量，将补贴的重点面向经济困难的高龄、失能老年人。主要评价指标和评价方法见表 7.3。

表 7.3　　福利彩票公益金激励支持评价指标体系

评价项目	指标	指标含义	总分	评价办法
指标 1	失能老年人入住率	失能老年人入住总数占总养老床位总数的比例	10 分	失能老年人入住率达到 40% 及以上的为满分 10 分，每减少 1 个百分点，扣 0.5 分

续表

评价项目	指标	指标含义	总分	评价办法
指标 2	城市社区日间照料覆盖率	辖区内至少有 1 个社区老年人日间照料中心（或居家养老服务机构）的居委会占居委会总数的比例	10 分	城市社区日间照料覆盖率达到 80% 及以上的为满分 10 分，每减少 1 个百分点，扣 0.5 分
指标 3	农村社区日间照料覆盖率	在辖区内，至少有 1 个社区老年人日间照料中心（互助养老幸福院或居家养老服务机构）的村委会占村委会总数的比例	10 分	农村社区日间照料覆盖率达到 40% 及以上的为满分 10 分，每减少 1 个百分点，扣 0.5 分
指标 4	民办养老机构床位比重	民办养老机构（含“公建民营”机构）床位数占养老机构床位总数的比例	10 分	民办养老机构床位比重达到 50% 及以上的为满分 10 分，每减少 1 个百分点，扣 0.5 分
指标 5	医养结合的养老机构比例	内设医务室成为医保定点的养老机构占内设医务室的养老机构的比例	5 分	医养结合的养老机构比例达到 40% 及以上的为满分 5 分，每减少 2 个百分点，扣 0.5 分
指标 6	老年福利补贴覆盖率	发放经济困难的高龄、失能等老年人补贴的县级行政区数量占本省份所有县级行政区数量的比例	5 分	老年福利补贴覆盖率中，将各类福利补贴综合为一项制度发放的，覆盖率达到 100% 为满分 5 分，每减少 10%，扣 0.5 分；各类福利补贴分别出台发放的，高龄津贴覆盖率达到 100% 为满分 1.5 分，每减少 30% 扣 0.5 分；护理补贴覆盖率达到 100% 为满分 2 分，每减少 30% 扣 0.5 分；服务补贴覆盖率达到 100% 为满分 1.5 分，每减少 30% 扣 0.5 分

资料来源：国家发展和改革委员会、财政部、民政部关于印发《养老服务体系建设中央补助激励支持实施办法》的通知（发改社会〔2016〕2776 号）。

表7.3中的6个指标，总分为50分，而表7.2中的总分也为50分，二者相加则满分为100分。最终的考核分数按照两个部分的分数相加得出。负责考核打分的主要是国家发展和改革委员会、财政部、民政部。这三个部门按照上述评估办法，计算出各地在两类资金支持领域的得分，将两个分数进行加总，得到总分。具体的激励办法为：将参与评估的省份进行东、中、西部分别评估，分别选出各地区的得分前2名的省市，对其进行表彰并报送国务院办公厅。国务院办公厅经审核后，在安排下一年度的中央预算内投资计划时，从养老服务体系建设专项资金中单列，对遴选出的6个表现优秀的省市进行表彰，予以资金倾斜。财政部、民政部则在安排下一年度财政资金分配时，从民政部本级彩票公益金补助地方老年人福利类项目中，对这6个省市进行资金倾斜。以此来激励各地方政府切实将财政资金用于本地区养老服务体系的完善，支持“公建民营”“民办公助”等各类养老服务机构的全面发展①。

① 资料来源：中央人民政府网站：http：//www. gov. cn/xinwen/2016 - 12/30/content_5154994. htm.

8. 政策建议

当前在我国养老服务供给侧结构性改革的背景下，养老服务机构市场化发展面临着许多难题，最突出的就是制度建设、政府投入机制和资金使用效率等问题。根据本书对于如何完善政府补贴机制、推进我国城乡养老服务机构市场化发展的主要内容，提出以下几个方面的政策建议。

8.1 加强政府主导，完善顶层设计

通过本书对政府养老服务机构市场化和政府补贴的原因进行分析可知，养老服务与产业具有一定公共产品的属

性，政府在该领域中负有重要责任并大有可为。因此，在保证政府对“三无”、五保、经济困难、特殊人员等老年群体的养老服务财政托底的前提下，加强政府在养老服务机构市场化中的主导作用，完善相关制度的顶层设计，有利于推进养老服务供给侧结构性改革和养老服务机构的市场化进程。

8.1.1 完善养老服务市场准入制度设计

本书对养老服务机构市场化的原因进行分析，我国养老服务机构市场化是市场经济运行的必然结果，也是养老失业自身发展的内在要求。但当前许多社会力量在进入养老服务领域时遇到许多瓶颈，如进入市场门槛较高、审批手续烦琐、扶持政策尚未落实等，导致社会力量进入养老服务市场的积极性不高，阻碍养老服务机构市场化进程。因此，必须完善养老服务市场的准入制度设计，一是建立公平、公正的准入制度，保障各类主体能够有平等的机会进入养老服务产业中，降低养老服务市场准入门槛，减少养老服务供给的交易成本，从制度上降低或者至少不增加社会力量投资养老服务机构的负担；二是要创造良好的市场竞争环境，确保养老服务机构不会面临额外的成本负担，保障各类主体的市场自由竞争，形成良好的市场竞争机制，有利于推进养老服务机构的市场化发展；三是对于符合养老服务市场准入制度的企业、团体、个人投资者等，运用多种政策支持手段如土地优惠政策、税式支出（税收优惠）政策、金融信贷政策以及各级政府财政补贴政策等，对其进行适度的政策扶持，以提高社会力量投资养老服务的积极性。

8.1.2 推进“医养结合”的发展

8.1.2.1 完善养老保险制度设计

结合养老机构的资金来源渠道，本书对我国养老服务财政投入的现状进行了分析，数据显示，近年来我国已经在养老服务领域逐步加大了财政资金的投入。但老年人支付能力依然是能否获得所需求养老服务的重要条件，如政府补贴对象和补贴额度的确定与老年人自身的收入相关，如果老年人自身经济条件较好，则对政府补贴的需求降低，反之亦然。当前养老服务机构营利困难的很大一部分原因在于成本较高，导致收费标准也较高，则老年人无法支付该部分费用，只能放弃入住，因此提高老年人的支付能力是养老服务机构能够正常运转和老年人能够享受到所需养老服务的路径之一。

养老保险制度是老年人退休后收入保障的重要体系，虽然已在全国范围内进行了多年的改革，建立了城镇职工基本养老保险和城乡居民养老保险制度的整合衔接机制，但原有制度上的差异还未得到有效消除，不同的老年人保障水平差异较大，许多老年人的支付水平还很低。通过改革养老保险制度，提高养老金水平，能够有效提升老年人对养老服务的支付水平。应推进养老保险金全国统筹机制的建立，努力建立健全多层次的养老保障制度体系，完善个人账户制度，适时调整（降低）养老保险缴费率或对缴费困难的人员进行补贴，以保障未来老年人能够有一定的经济收入，可自行选择养老服务方式，满足自身的养老服务需求。

8.1.2.2 完善医疗保险制度设计

未来一段时期，我国老龄化程度将更加严重，且高龄老人的比例将进一步上升。随着老年人年龄增长，身体健康状况的下降，医疗服务、康复服务、长期护理服务等需求将持续增加。但目前这些服务费用在大多养老服务机构中无法进行医疗保险报销，无疑增加了老年人的医疗养老费用负担，政府补贴目前在该方面的规定还涉及不多。

因此，结合对于未来政策预期和走势分析，我们认为，当前应适度改革医疗保险制度，扩大医疗费用报销的范围，使老年人在养老机构的医疗费用能够得到部分报销，减轻老年人的负担。同时，建立长期照护保险制度，鼓励居民在职时参保形成长期照护基金，使其进入老年期后，对于慢性病、长期护理等无法通过养老保险、医疗保险进行报销的费用，能够通过长期照护保险得到保障，满足老年人对长期护理等医疗养老服务的需求。同时，在建立医养结合养老服务机构时，加强医疗保险和养老保险制度的衔接，使老年人在医养结合型养老服务机构产生的费用可通过养老保险、医疗保险等不同渠道进行报销，使老年人能在最大限度上得到其急需的医疗养老服务。

8.2 创新市场化路径，构建多元化政府投入机制

创新养老服务机构市场化路径有利于激发各类养老服务提供主体的市场活力，助推养老服务机构的市场化发

展，同时也是养老服务供给侧结构性改革的要求。目前在“公建民营”“民办公助”“政府购买”等养老服务提供的基础上，进一步细化和整合，联合各类养老服务提供主体的优势，创新养老服务机构市场化路径。

8.2.1 创新公办养老机构改革的路径

通过对养老服务机构市场化路径的总结和归纳，结合本书对于政策方向的理解，我们认为，目前养老服务机构市场化的方式仍然以“公建民营”“民办公助”和“政府购买”为主。其中，对现有公办养老服务机构进行市场化改革，便是“公建民营”最重要的、也是最主要的方式。创新公办养老机构改革的路径，就是采取各种方式将社会力量引入到公办养老服务机构的运营中来。如可借鉴宁波市的实践，采取合作管理模式、“公建民营”模式、“公建公办委托运营”模式、“服务外包”模式、“转型发展”模式等，全面推进公办养老机构进行市场化改革。在这一过程中，政府对养老服务机构的投入，由原来的承担大部分成本和运营管理责任，逐步交由社会力量承担，政府在公办养老服务机构进行改革发展过程中，主要承担部分建设成本支出、符合条件的运营补贴、服务外包的采购价格等补贴资金。但这一过程需要注意的是，必须强化政府的协调、管理和监督作用，对公办养老服务机构市场化改革后，需要对其提供养老服务的质量、服务对象的公平性、补贴资金使用的规范性等方面进行全面管理。

8.2.2 引入智慧化服务，推进“政府购买”服务模式创新

在本书的研究过程中，我们发现：当前“政府购买”采取许多方式如发放服务券、代金券等，由于事先设定服务券使用范围、信息不对称、使用不便等原因，使“政府购买”服务的效果大打折扣。因此，应推进“政府购买”服务模式的创新，引入互联网、大数据、云计算等智慧科技手段，探索政府向电商购买养老服务的模式。

我们认为，可借鉴常州市政府相关部门的做法，将互联网与养老服务提供相结合，开启“互联网 + 养老模式”，既可以整合养老服务资源，利用电子商务平台的优势，对产品和服务进行分类筛选，向老年人提供全面的养老服务信息和自由选择各类养老服务的权利，以满足各类需求。同时，网络平台的信息公开化和赋予老年人自主购买的权利，老年人可在享受服务后对该服务进行评价，从而促使各类主体必须不断改进服务质量，以最优的价格提供服务价格，才能赢得生存的空间，利于养老服务提供主体之间的公平竞争，形成良好的市场氛围。而“政府购买”成本在这一过程中也将下降，有利于提高政府资金的使用效率。这种模式需特别注重政府的监督考评作用，可成立专门的监督委员会（或机构），对网络平台进行监督和考评，及时关注老年人在服务后进行的满意度评价等内容，并引入第三方评估机制对网络平台的运营效果进行评估，将不符合要求、满意度较低的服务商下线，从而维持整个平台的良性运转。

8.2.3 创新养老服务机构建设融资模式

通过对养老服务机构市场化运营政府补贴模式的分析和举例可以看出，养老服务机构的建设和运营面临的融资问题是养老服务机构市场化政府补贴机制需要考虑的重点问题。因此，应当全面创新养老服务机构融资模式，争取最大程度上获取社会资金。建议可推广养老服务项目的PPP合作模式，这也是当前政府推行的融资模式之一。

2017年国务院印发《关于进一步激发社会领域投资活力的意见》明确提出要引导社会资本以PPP模式参与到医疗养老服务领域中来。PPP模式强调私营企业、民营资本等与政府合作，以市场竞争的方式，参与养老服务基础设施的建设和运营。这一模式将政府和企业的各方优势进行充分发挥，不仅有利于全面开放养老服务市场，促进投资主体的多元化，扩大养老服务投融资渠道，也有利于改革养老服务财政投入体制，强化政府的监管作用。虽然政府鼓励以PPP模式发展养老产业，但据财政部全国PPP综合信息平台项目库的数据来看，截至2016年3月，该平台的养老项目仅201个，占总项目数量约3%，且这些项目的投资领域集中在医养结合、老年公寓方面。未来应进一步推广养老服务项目的PPP合作模式，利用社会资本的优势，发展养老服务产业，注重政府的引导作用，将部分社会资本投资引向老年人精神关怀等项目领域，全面推进养老服务事业的发展。在这一过程中，政府还需同时关注其他资金渠道如老年人的支付能力以及金融协调等问题，可在必要时继续调整养老金和医疗保险的支付比例，协调融资方的融资，避免在PPP模式中因政府对项目投资不足，而引发各渠道流动性不足，从而影响项目进程和工程效率。

8.3 完善政府补贴机制，提高政府资金使用效率

建立健全政府补贴机制，需要完善政府补贴政策，合理确定补贴标准，同时建立科学的评估指标体系和调整激励机制，强化政府资金的使用效率，使政府补贴这一重要的经济杠杆发挥作用，履行财政宏观调控的职能，不断提高人民的福利水平，才能从根本上解决我国的养老问题。

8.3.1 完善补贴政策体系，合理确定补贴标准

本书阐述了我国出台的政府补贴政策，界定了目前我国政府补贴政策主要分为中央政府政策和地方政府政策两类。政府对养老机构的补贴政策程序是：依据不同项目，由中央政府出台统一的指导性政策，地方政府根据本地区的具体情况制定具体的政策措施，对养老服务机构进行补贴的财政负担责任主要在地方政府。但这一政策及其运行可能造成各地区老年人享受的政府补贴差异较大的现象，而各地区的老年人口比例并不相同，部分地区的地方政府面临着养老压力较大的问题。因此，完善政府补贴政策，应将政府补贴政策进一步细化、具体化。一方面，地方政府需要考虑结合地区经济发展水平和财政负担能力，对养老服务机构市场化进行财政补贴时，量力而行，尽力而为。根据不同老年人的经济条件、不同地区养老服务机构

建设成本、不同养老服务生产成本等具体条件，合理确定补贴标准。如对于经济特别困难、养老机构建设成本较高、医疗护理等需要较高服务成本的情况，给予更高标准的政府补贴；而对于自身经济条件较好、发展能力较强的养老服务机构、日常生活照料等成本较低的养老服务则可以减少政府补贴标准，以强化政府资金的使用效率。同时，地方政府应积极发展本地区养老服务体系，争取在评估中取得优异表现，以便争取更多中央奖励或补助资金。另一方面，通过协调，中央财政可在制定补贴政策时，考虑地方政府财政能力和养老压力之间的差异，建立健全转向转移支付制度，对于财政能力不高但养老压力较大，发展养老服务困难较大的地区，可考虑在财政补助资金上予以倾斜，科学分配财政资金。

8.3.2 引入第三方主体，建立科学的评估指标体系

建立科学的评估指标体系是反映整个政府补贴机制运行效果的重要环节，有利于及时发现政府补贴中存在的各种问题，找出政府补贴机制中的薄弱环节。因此，应根据科学性、可比性、全面性和可持续性的原则，建立科学的评估指标体系。

本书根据养老服务机构市场化的不同路径，科学设置评估的内容，如对“公建民营”“民办公助”方式下的政府补贴项目，应注重评估养老服务机构的营利能力、养老服务设施建设情况、老年人服务满意度等，而对于“政府购买”方式的政府补贴项目，则应重点考核政府购买效率、老年人服务满意度等重点指标。对政府补贴效果进行评估要做到有针对性、突出重点、分门别类，但不论对

哪种补贴方式效果进行评估，始终都要关注老年人的养老服务需求和满意度问题，因为满足老年人的养老服务需求是所有政府补贴政策和机制确立的根本出发点和落脚点。

由谁来评估问题是评估指标体系能否充分发挥作用、评估结果是否有效的重点问题，因此确立评估主体同样重要。对于“公建民营”“民办公助”等养老服务机构，以及“政府购买”养老服务提供主体的评价，可采取养老服务机构自评、养老服务机构间互评、家庭和老年人对养老服务机构、政府对养老服务机构进行评价等方式进行，同时引入第三方评估机制，对养老服务提供主体的各方面进行评估，将评估结果反馈给政府有关管理部门，政府综合各方评价主体的评价结果反馈，进行具体的、有针对性的调整。

8.3.3 动态跟踪，设计有效的政府补贴调整机制

政府补贴机制是一个动态的、循环的可持续运转机制。通过本书的调查和研究发现，随着经济发展条件、已有政策发挥作用、老年人服务需求等的不断变化，这一机制需要随时进行调整。因此，首先应建立动态跟踪的监督体系，对各政府补贴的养老服务机构、“政府购买”养老服务提供主体的财务能力、发展能力、政府补贴资金使用情况以及服务能力进行动态跟踪，根据具体情况进行政府补贴的调整。如对于“公建民营”“民办公助”的养老服务机构进行跟踪，如果在获得政府补贴持续一段时间后，养老服务机构自身营利能力有所提升，达到一定的预期收益时，可不再对其进行补贴或者减少补贴。对于“政府购买”的养老服务效率低下的情况，应根据具体的原因对政府补贴进行调整：如果未被充分利用的原因是“政

府购买”过多，则减少“政府购买”数量；如果购买效率低下是由购买服务提供主体的服务质量低下造成的，则应取消与该提供主体的合作，寻求新的合作主体；如果“政府购买”养老服务未被充分消费的原因是购买服务的内容不符合老年人需求造成的，则应当全面了解老年人养老服务需求，重新调整“政府购买”养老服务项目。同时，根据各方主体评估的结果，对政府补贴的对象、补贴方式、补贴标准等进行全面的、有针对性的调整，才能从根本上提高财政资金的使用效率，满足老年人多样化、多层次的养老服务需求，全面推进养老服务机构的市场化发展。

主要参考文献

[1] Allen Walker, Sharing Long - Term Care Between the Family and the State——A European Perspective. Who Should Care the Elderly? [M]. Singgapore University Press, 2000.

[2] American Health care Association, Issue of Quality in Home and Community - Based Care [R]. AHCA Health Services Research and Evaluation, 2003.

[3] Babakus E , Boller G W . An empirical assessment of the SERVQUAL scale [J]. Journal of Business Research, 2004, 24 (3): 253 -268.

[4] Babakus E , Boller G W . An empirical assessment of the SERVQUAL scale [J]. Journal of Business Research, 2004, 24 (3): 253 -268.

[5] Buchanan J M. An Economic Theory of Clubs [J]. Economica, 1965, 32 (125): 1 -14.

[6] Campbell J C, Ikegami N, Gibson M J. Lessons from public long - term care insurance in Germany and Japan [J]. Health Affairs, 2010, 29 (1): 87 -95.

[7] Doty P. Family care of the elderly: The role of public policy [J]. The Milbank Quarterly, 1986: 34 -75.

[8] K Ohara. New Trials of the Elderly Living in Japan

Community – Based Care Facilities [A]. Urban Planning Institute of the Republic of Slovenia, 2006.

[9] Kane R. A., Expending the Home Care Concept: Blurring Distinctions among Home Care, Institutional Care, And Other Long – Term – Care Services [J]. University of Minnnesota Minneapolis, 1995, 73 (2): 161 – 186.

[10] 洛克. 政府论（西风译丛）[M]. 光明日报出版社, 2009.

[11] Miyake A, Yasuoka M. Which Should the Government Subsidize: Child Care or Elderly Care? [J]. Discussion Paper, 2016.

[12] Montin S. Local government and the market. The case of public services and care for the elderly in Sweden [C] // COST Action LocRef. 2015.

[13] Samuelson P A. The Pure Theory of Public Expenditure [J]. Review of Economics & Statistics, 1954, 36 (4): 387 – 389.

[14] 约瑟夫·E. 斯蒂格利茨. 经济学：第3版 [M]. 中国人民大学出版社, 2006.

[15] 陈雷. 民办养老机构优惠扶持政策实施评估研究——基于公平性与有效性视角 [J]. 云南大学学报（社会科学版）, 2016 (01): 64 – 71 + 112.

[16] 蔡淑琴. 管理信息系统分析与设计 [M]. 高等教育出版社, 2016.

[17] 褚湜婧, 孙鹃娟. 影响城市老年人养老意愿诸因素分析 [J]. 南京人口管理干部学院报, 2010 (02): 43 – 46.

[18] 冯占联, 詹合英, 关信平, 风笑天, 刘畅, Vincent Mor. 中国城市养老机构的兴起：发展与公平问题

[J]. 人口与发展，2012 (06)：16 -23.

[19] 董红亚. 中国养老服务补贴制度研究 [J]. 社会科学辑刊，2012 (01)：55 -60.

[20] 董红亚. 基于主体弱势化的民办养老机构发展研究——以浙江省为例 [J]. 中州学刊，2013，(05)：68 -73.

[21] 丁学娜. 民办非营利养老服务机构的政府补偿机制研究——基于S市民办非营利养老服务机构的分析 [J]. 中州学刊，2012 (06)：94 -98.

[22] 范西莹. 政策性支持对于我国民办养老机构发展的推助作用分析 [J]. 甘肃理论学刊，2013 (06)：188 -192.

[23] 方俊，李子森. 政府购买社区居家养老服务的探索——以广州Y区为例 [J]. 中共中央党校学报，2018，v.22；No.111 (03)：68 -76.

[24] 高传胜. 老龄服务业促进政策及现实问题再审视 [J]. 社会科学辑刊，2016 (04)：61 -66.

[25] 郭丽娜，郝勇，吴瑞君. "互联网 + 养老服务"：O2O模式的养老服务供需平台构建 [J]. 电子政务，2016 (10)：17 -24.

[26] 甘炜，李梦雪，刘千亦. 政府行为对民间资本养老机构投资意愿的影响 [J]. 财政研究，2015 (10)：58 -66.

[27] 辜胜阻，吴华君，曹冬梅. 构建科学合理养老服务体系的战略思考与建议 [J]. 人口研究，2017 (01)：5 -16.

[28] 胡象明. 论政府政策行为的价值取向 [J]. 政治学研究，2000 (02)：38 -45.

[29] 华中生，刘作仪，孟庆峰，雒兴刚，霍宝锋，

卞亦文，李四杰，杨翼，金庆伟．智慧养老服务的国家战略需求和关键科学问题［J］．中国科学基金，2016，30（06）：535－545.

［30］蒋明华．基于产业链视角下的我国智慧养老产业化研究［J］．老龄科学研究，2018，v.6；No.58（3）：75－82.

［31］姜向群，丁志宏，秦艳艳．影响我国养老服务机构发展的多因素分析［J］．人口与经济，2011，04：58－63＋69.

［32］李含伟，陈晔．我国机构养老收费标准的研究——基于上海市300家养老服务机构调研数据的分析［J］．价格理论与实践，2013，09：94－95.

［33］李璐．推动养老服务供给侧改革　发展老年健康医疗服务产业［J］．宏观经济管理，2016（7）：49－51.

［34］林娜，卢净．“主动空巢”与社会化养老服务模式探究［J］．中共福建省委党校学报，2011（12）：93－99.

［35］罗楠，张永春．城市老人养老模式的选择意愿及影响因素分析——基于Order Probit模型的实证研究［J］．西安财经学院学报，2012（04）：97－102.

［36］梁莹，万艳．夹缝中生存的民营养老服务机构：生存困境与发展空间［J］．中共天津市委党校学报，2012（04）：91－96.

［37］廖楚晖．政府行为影响城镇居民机构养老意愿的实证研究［J］．财政研究，2014（8）：53－55.

［38］廖楚晖．经济学方法论：公共经济学的应用［M］．中国财政经济出版社，2016.

［39］柳键，舒斯亮．政府与民办养老机构互动机理及管理策略研究［J］．华东经济管理，2013（10）：151－

156.

［40］刘向杰．养老服务机构市场化的政府补贴机制研究［J］．技术经济与管理研究，2015（8）：76－80.

［41］刘一伟．社会养老保险、养老期望与生育意愿［J］．人口与发展，2017，23（4）：30－40.

［42］李敏．社区居家养老意愿的影响因素研究——以北京市为例［J］．北京社会科学，2014（01）：46－50.

［43］巢小丽，毛寿龙．合作优势、运营方式与规制设计：F省机构养老PPP模式分析［J］．理论探讨，2017（3）：171－176.

［44］马雪松．结构、资源、主体：基本公共服务协同治理［J］．中国行政管理，2016（7）：52－56.

［45］曲绍旭．NGO介入养老服务体系之优化考量——基于“福利效能”视角［J］．河南大学学报（社会科学版），2014（02）：88－95.

［46］任德新，楚永生．伦理文化变迁与传统家庭养老模式的嬗变创新［J］．江苏社会科学，2014（5）：11－16.

［47］唐钧．失能老人护理补贴制度研究［J］．江苏社会科学，2014（02）：75－82.

［48］魏文斌，李永根，高伟江．社会养老服务体系的模式构建及其实现路径［J］．苏州大学学报（哲学社会科学版），2013（02）：48－52.

［49］王姣．组织间信息系统协同机理及协同度测度研究［M］．清华大学出版社，2015.

［50］王裔艳．上海居家养老服务的供给、购买与决策：以“福利轮”为分析视角［J］．华东理工大学学报（社会科学版），2015（04）：20－27.

［51］王桥，张展新．城市老人机构养老意愿调查设

计与因素分析——基于长春市中心城四区抽样数据的研究［J］. 东岳论丛，2018（1）：54-62.

［52］肖云，吕倩，漆敏. 高龄老人入住养老服务机构意愿的影响因素研究——以重庆市主城九区为例［J］. 西北人口，2012（02）：27-30+35.

［53］夏涛. 公办养老服务机构政府补贴机制的博弈分析［J］. 理论导刊，2014（05）：13-15+19.

［54］席恒，丁一，翟绍果. 物联网应用于失能老人长期照护体系的模式探讨［J］. 山东社会科学，2014（11）：51-57.

［55］杨树琪，刘向杰，廖楚晖. 政府行为影响财政性融资项目绩效的实证研究［J］. 财政研究，2010（11）：20-23.

［56］杨晓龙，李彦. 城市老年人的养老意愿及影响因素——以烟台市的1273位老年人为例［J］. 科学经济社会，2013（02）：160-165.

［57］于凌云，廖楚晖. 养老金待遇差别与机构养老意愿研究——基于城乡调查样本的实证分析［J］. 财贸经济，2015，36（6）：151-160.

［58］杨宜勇，魏义方. 切实促进我国养老产业发展［J］. 宏观经济管理，2016（05）：28-30.

［59］于凌云. 推进养老机构市场化的财政补贴机制研究［J］. 财政研究，2015（3）：74-78.

［60］于水，李波. 适度普惠型福利社会地方政府购买养老服务策略研究［J］. 广西社会科学，2015（9）：165-170.

［61］姚兆余. 农村社会养老服务：模式、机制与发展路径——基于江苏地区的调查［J］. 甘肃社会科学，2014（1）：48-51.

［62］章晓懿，梅强．影响社区居家养老服务质量的因素研究：个体差异的视角［J］．上海交通大学学报（哲学社会科学版），2011（06）：23－30.

［63］钟慧澜，章晓懿．从国家福利到混合福利：瑞典、英国、澳大利亚养老服务市场化改革道路选择及启示［J］．经济体制改革，2016（05）：160－165.

［64］周娟．中国农村养老服务模式：创新、驱动因素与趋势研究［J］．福建论坛（人文社会科学版），2016（09）：115－121.

［65］张宝平，许红，何中臣，唐贵忠．重庆农村老年服务市场化对地方乡镇卫生机构影响［J］．重庆医学，2013（29）：3576－3577.

［66］张晖，王萍．“居家养老服务”是服务输送还是补贴发放？——杭州的经验审视［J］．浙江学刊，2013（05）：219－224.

［67］张俊良，曾祥旭．市场化与协同化目标约束下的养老模式创新——以市场人口学为分析视角［J］．人口学刊，2010（03）：48－53.

［68］张歌．城市居家养老服务资金发展困境：障碍与对策——以上海为例［J］．现代经济探讨，2014（07）：73－77.

［69］张丽雅，宋晓阳．信息技术在养老服务业中的应用与对策研究［J］．科技管理研究，2015（5）．